陳福成著

陳福成著作全編

第六十五冊　孫子實戰經驗研究

文史哲出版社印行

國家圖書館出版品預行編目資料

陳福成著作全編 / 陳福成著. -- 初版. --臺北
市：文史哲,民 104.08
頁： 公分
ISBN 978-986-314-266-9（全套：平裝）

848.6 104013035

陳福成著作全編

第六十五冊　孫子實戰經驗研究

著　　者：陳　福　成
出 版 者：文　史　哲　出　版　社
http://www.lapen.com.tw
登記證字號：行政院新聞局版臺業字五三三七號
發 行 人：彭　正　雄
發 行 所：文　史　哲　出　版　社
印 刷 者：文　史　哲　出　版　社
臺北市羅斯福路一段七十二巷四號
郵政劃撥帳號：一六一八〇一七五
電話886-2-23511028 · 傳真886-2-23965656

全 80 冊定價新臺幣 36,800 元

二〇一五年（民一〇四）八月初版

ISBN 978-986-314-266-9　08981

陳福成著作全編總目

總序：陳福成的一部文史哲政兵千秋事業

陳福成先生，祖籍四川成都，一九五二年出生在台灣省台中縣。筆名古晟、藍天、司馬千、鄉下人等，皈依法名：本肇居士。一生除軍職外，以絕大多數時間投入寫作，範圍包括詩歌、小說、政治（兩岸關係、國際關係）、歷史、文化、宗教、哲學、兵學（國防、軍事、戰爭、兵法），及教育部審定之大學、專科（三專、五專）、高中（職）等各級學校國防通識（軍訓課本）十二冊。以上總計近百部著作，目前尚未出版者尚約二十部。

我的戶籍資料上寫著祖籍四川成都，小時候也在軍眷長大，初中畢業(民57年6月)，投考陸軍官校預備班十三期，三年後（民60）直升陸軍官校正期班四十四期，民國六十四年八月畢業，隨即分發野戰部隊服役，到民國八十三年四月轉台灣大學軍訓教官。到民國八十八年二月，我以台大夜間部（兼文學院）主任教官退休（伍），進入全職寫作高峰期。

我年青時代也曾好奇問老爸：「我們家到底有沒有家譜？」

他說：「當然有。」他肯定說，停一下又說：「三十八年逃命都來不及了，現在有個鬼啦！」

兩岸開放前他老人家就走了，開放後經很多連繫和尋找，真的連鬼都沒有了，茫茫無垠的「四川北門」，早已人事全非了。

但我的母系家譜卻很清楚，母親陳蕊是台中縣龍井鄉人。她的先祖其實來台不算太久，按家譜記載，到我陳福成才不過第五代，大陸原籍福建省泉州府同安縣六都施盤鄉馬巷。

第一代祖陳添丁、妣黃媽名申氏。從原籍移居台灣島台中州大甲郡龍井庄龍目井字水裡社三十六番地，移台時間不詳。陳添丁生於清道光二十年（庚子，一八四〇年）六月十二日，卒於民國四年（一九一五年），葬於水裡社共同墓地，坐北向南，他有二個兒子，長子昌，次子標。

第二代祖陳昌（我外曾祖父），生於清同治五年（丙寅，一八六六年）九月十四日，卒於民國廿六年（昭和十二年）四月二十二日，葬在水裡社共同墓地，坐東南向西北。陳昌娶蔡匏，育有四子，長子平、次子豬、三子波、四子萬芳。

第三代祖陳平（我外祖父），生於清光緒十七年（辛卯，一八九一年）九月二十五日，卒於（年略記）二月十三日。陳平娶彭宜（我外祖母），生光緒二十二年（丙申，一八九六年）六月十二日，卒於民國五十六年十二月十六日。他們育有一子五女，長子陳火，長女陳變、次女陳燕、三女陳蕊、四女陳品、五女陳鶯。

以上到我母親陳蕊是第四代，到筆者陳福成是第五代，與我同是第五代的表兄弟姊妹共三十二人，目前大約半數仍在就職中，半數已退休。

寫作是我一輩子的興趣，一個職業軍人怎會變成以寫作為一生志業，在我的幾本著作都詳述（如《迷航記》、《台大教官興衰錄》、《五十不惑》等」。我從軍校大學時代開始寫，從台大主任教官退休後，全力排除無謂應酬，更全力全心的寫（不含為教育部編著的大學、高中職《國防通識》十餘冊）。我把《陳福成著作全編》略為分類暨編目如下：

壹、兩岸關係

①《決戰閏八月》②《防衛大台灣》③《解開兩岸十大弔詭》④《大陸政策與兩岸關係》。

貳、國家安全

⑤《國家安全與情治機關的弔詭》⑥《國家安全與戰略關係》⑦《國家安全論壇》。

參、中國學四部曲

⑧《中國歷代戰爭新詮》⑨《中國近代黨派發展研究新詮》⑩《中國政治思想新詮》⑪《中國四大兵法家新詮：孫子、吳起、孫臏、孔明》。

肆、歷史、人類、文化、宗教、會黨

⑫《神劍與屠刀》⑬《中國神譜》⑭《天帝教的中華文化意涵》⑮《奴婢妾匪到革命家之路：復興廣播電台謝雪紅訪講錄》⑯《洪門、青幫與哥老會研究》。

伍、詩〈現代詩、傳統詩〉、文學

⑰《幻夢花開一江山》⑱《赤縣行腳・神州心旅》⑲《「外公」與「外婆」的詩》、⑳《尋找一座山》㉑《春秋記實》㉒《性情世界》㉓《春秋詩選》㉔《八方風雲性情世界》㉕《古晟的誕生》㉖《把腳印典藏在雲端》㉗《從魯迅文學醫人魂救國魂說起》㉘《60後詩雜記詩集》。

陸、現代詩（詩人、詩社）研究

㉙《三月詩會研究》㉚《我們的春秋大業：三月詩會二十年別集》㉛《中國當代平民詩人王學忠》㉜《讀詩稗記》㉝《嚴謹與浪漫之間》㉞《一信詩學研究：解剖一隻九頭詩鵠》㉟《囚徒》㊱《胡爾泰現代詩臆說》㊲王學忠籲天詩錄。

柒、春秋典型人物研究、遊記

㊳《山西芮城劉焦智「鳳梅人」報研究》㊴《在「鳳梅人」小橋上》㊵《我所知道的孫大公》㊶《孫大公思想主張手稿》㊷《金秋六人行》㊸《漸凍勇士陳宏》。

捌、小說、翻譯小說

㊹《迷情・奇謀・輪迴》㊺《愛倫坡恐怖推理小說》。

玖、散文、論文、雜記、詩遊記、人生小品

㊻《一個軍校生的台大閒情》㊼《古道・秋風・瘦筆》㊽《頓悟學習》㊾《春秋正義》㊿《公主與王子的夢幻》51《洄游的鮭魚》52《男人和女人的情話真話》53《台灣邊陲之美》54《最自在的彩霞》55《梁又平事件後》。

拾、回憶錄體

56《五十不惑》57《我的革命檔案》58《台大教官興衰錄》59《迷航記》60《最後一代書寫的身影》61《我這輩子幹了什麼好事》62《那些年我們是這樣寫情書的》63《那些年我們是這樣談戀愛的》64《台灣大學退休人員聯誼會第九屆理事長記實》。

拾壹、兵學、戰爭

65《孫子實戰經驗研究》66《第四波戰爭開山鼻祖賓拉登》。

拾貳、政治研究

(67)《政治學方法論概說》(68)《西洋政治思想概述》(69)《中國全民民主統一會北京行》(70)《尋找理想國：中國式民主政治研究要綱》。

拾參、中國命運、喚醒國魂

(71)《大浩劫後：日本311天譴說》、《日本問題的終極處理》(72)《台大逸仙學會》。

拾肆、地方誌、地區研究

(73)《台北公館台大地區考古・導覽》(74)《台中開發史》(75)《台北的前世今生》(76)《台北公館地區開發史》。

拾伍、其他

(77)《英文單字研究》(78)《與君賞玩天地寬》（別人評論）(79)《非常傳銷學》(80)《新領導與管理實務》。

我這樣的分類並非很確定，如《謝雪紅訪講錄》，是人物誌，但也是政治，更是歷史，說的更白，是兩岸永恆不變又難分難解的「本質性」問題。

以上這些作品大約可以概括在「中國學」範圍，如我在每本書扉頁所述，以「生長在台灣的中國人為榮」，以創作、鑽研「中國學」，貢獻所能和所學為自我實現的途徑，以宣揚中國春秋大義、中華文化和促進中國和平統一為今生志業，直到生命結束。我這樣的人生，似乎滿懷「文天祥、岳飛式的血性」。

抗戰時期，胡宗南將軍曾主持陸軍官校第七分校（在王曲），校中有兩幅對聯，一是「升官發財請走別路、貪生怕死莫入此門」，二是「鐵肩擔主義、血手寫文章」。前聯原在廣州黃埔，後聯乃胡將軍胸懷，「鐵肩擔主義」我沒機會，但「血手寫文章」的

「血性」俱在我各類著作詩文中。

人生無常，我到六十三歲之年，以對自己人生進行「總清算」的心態出版這套書。

回首前塵，我的人生大致分成兩個「生死」階段，第一個階段是「理想走向毀滅」，年齡從十五歲進軍校到四十三歲，離開野戰部隊前往台灣大學任職中校教官。第二個階段是「毀滅到救贖」，四十三歲以後的寫作人生。

「理想到毀滅」，我的人生全面瓦解、變質，險些遭到軍法審判，就算軍法不判我，我也幾乎要「自我毀滅」；而「毀滅到救贖」是到台大才得到的「新生命」，我積極寫作是從台大開始的，我常說「台大是我啟蒙的道場」有原因的。均可見《五十不惑》、《迷航記》等書。

我從年青立志要當一個「偉大的軍人」，為國家復興、統一做出貢獻，為中華民族的繁榮綿延盡個人最大之力，卻才起步就「死」在起跑點上，這是個人的悲劇和不智，正好也給讀者一個警示。人生絕不能在起跑點就走入「死巷」，切記！切記！讀者以我為鑒！在軍人以外的文學、史政有這套書的出版，也算是對國家民族社會有點貢獻，對自己的人生有了交待，這致少也算「起死回生」了！

順要一說的，我全部的著作都放棄個人著作權，成為兩岸中國人的共同文化財，而台北的文史哲出版有優先使用權和發行權。

這套書能順利出版，最大的功臣是我老友，文史哲出版社負責人彭正雄先生和他的夥伴們。彭先生對中華文化的傳播，對兩岸文化交流都有崇高的使命感，向他和夥伴致上最高謝意。

台北公館蟾蜍山萬盛草堂主人　陳福成　誌於二〇一四年

五月榮獲第五十五屆中國文藝獎章文學創作獎前夕

孫子實戰經驗研究

——孫武是怎樣親自驗證他的「十三篇」？

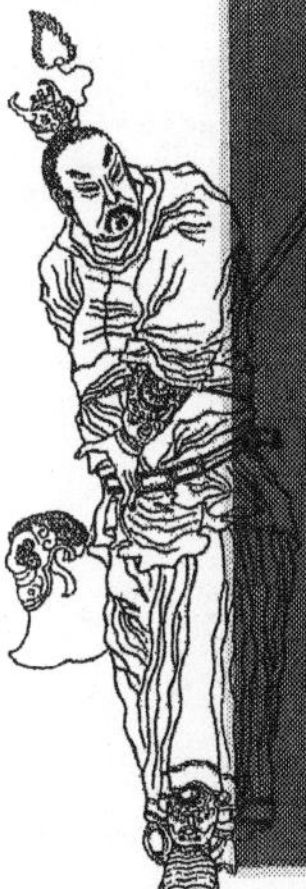

黎明文化事業

文總輝字第　號

中華文化復興運動總會 獎狀

陳福成先生編著孫子實戰經驗研究一書榮獲本會舉辦八十四年菲華特設中正文化獎中之佳作獎除給予獎金外特頒此狀以示獎勵

總統兼會長 李登輝

中華民國八十五年三月六日

孫武畫像：魏汝霖，孫子今註今譯
（台北：台灣商務印書館，七十六年四月，三版）

伍子胥像：中華五千年史，第三冊

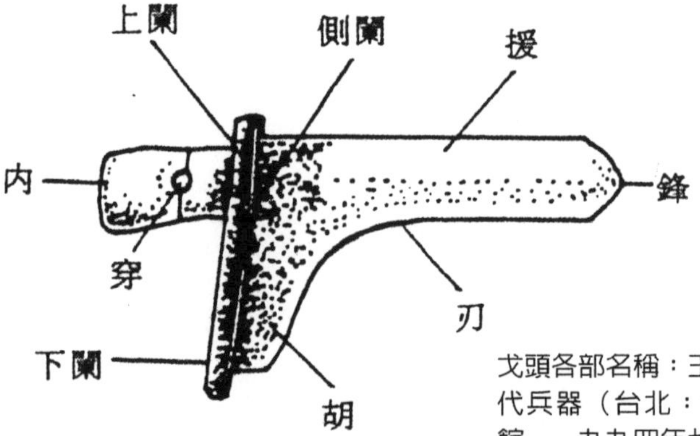

戈頭各部名稱：王兆春，中國古代兵器（台北：台灣商務印書館，一九九四年七月），頁三四

春秋時期銅盔：名將評傳(1)，頁三二

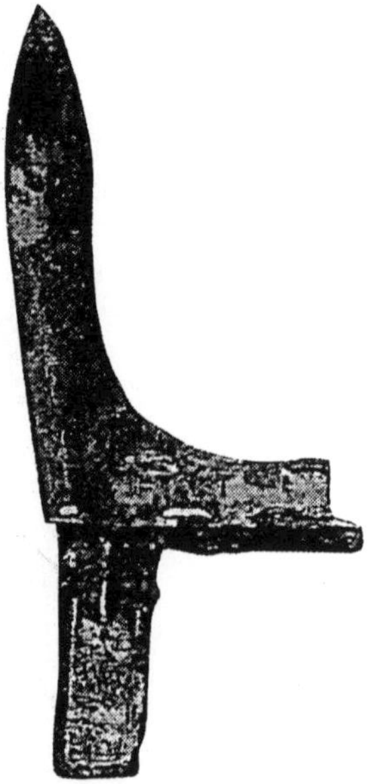

吳王闔閭的戈：李永熾，中國歷史圖說，四冊（台北：新新文化出版公司，六十七年十二月），頁五三

孫武操練宮女圖：游瑞華，名將評傳(1)（台北：萬象圖書公司，一九九三年十月)，頁二七

專諸刺吳王僚：張其昀，中華五千年史，第三冊（台北：中國文化研究所，五十一年四月）

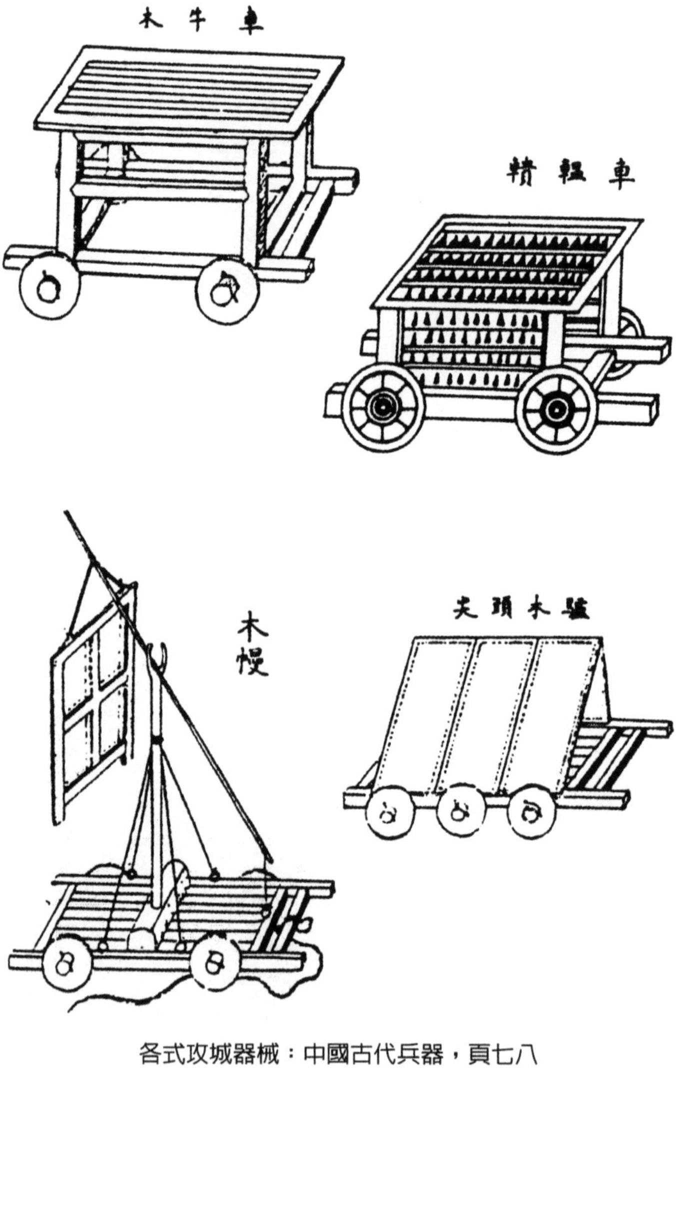

各式攻城器械：中國古代兵器，頁七八

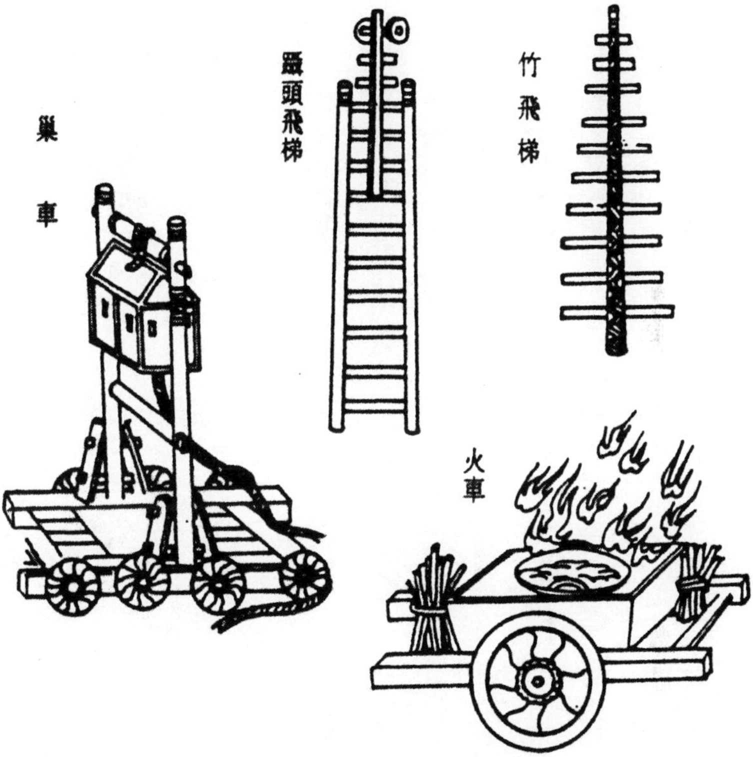

攻城器械：中國古代兵器，頁七六

序「孫子實戰經驗研究」

——孫子是怎樣親自領軍作戰的？

宋文將軍

在中國數千年光彩燦爛的文明史上，聖賢豪傑倍蓰，而能被國際公認是「世界級大思想家」者，首推孔子和孫子二人。孔子是世界四大聖哲之一，孫子則被尊為「百代談兵之鼻祖」或「兵學鼻祖」，孫子的「十三篇」早已是古今中外各國建軍、備戰與用兵的參用寶典，故中外學者專家對「十三篇」，或註或詮，或各種研究運用，已不下數百家，這是孫子兵學的寶貴價值，更是世界重要的文明與文化遺產之一。

關於孫子其實尚有更值得研究的另一面向，亦即他如何幫吳王建軍備戰？他又如何率三萬軍隊打敗楚國二十萬大軍，且五戰皆勝。他是創千里遠征的第一人；他是改變戰爭型態、戰術與戰略運用的第一人；當秦楚聯軍反攻，他又如何打一場漂亮的「轉進作戰」？還有，他在吳國官場上如何在軍事與政治的界線，可以保持清明？完成其在歷史上「立德、立言、立功」三不朽的事業。凡此，都值得我們進一步的探究。

陳福成先生以其對孫子兵法研究的深厚，對春秋斷代史的了解，運用現代學術研究方法，彌補部份歷史斷層上的缺口。因之，如果讀者曾經閱讀過孫子十三篇，則本書將可對理論與實務的連結，提供一個印證，值得推介，是為之序。

宋文將軍

學歷：陸官三十五期，陸院六十七年班，戰爭學院六十九年班
兵研所七十四年班

經歷：三軍大學兵研所教官、國防部中將參事
八十一年國防白皮書編撰人

現任：教育部學生軍訓處處長

序 「孫子實戰經驗研究」

陳福成

李長嘯將軍

孫子在我國歷史上，不論其人其書（孫子十三篇），都有崇高的定位。其人，是世界重要思想家之一；其書，更是世界兵學之寶典，他是中國之寶產，也是全人類重要的文化遺產。近代以降，有西方兵學家如克勞塞維茨（Carl Von Clausewitz, 1780-1831）、李德哈達（Basil Henry Liddel Hart, 1895-1970）等相較，仍不能撼動孫子身為「百代談兵之鼻祖」的地位，目前孫子兵學思想已運用到各行各業，是為當代之顯學。

陳福成先生對孫子的研究，卻是走進了歷史研究的「缺口」，歷史對孫子的一項「遺忘」。陳君的研究重點並非「十三篇」，而是針對孫子如何在吳國建立一支「現代化軍隊」、創千里遠征伐楚，擔任「聯軍總司令」，與楚軍五戰五勝（或說九戰九勝），並改變以步兵為主的戰爭型態，創春秋以降戰略與戰術運用的新局面。這些是孫子親自帶兵打仗，從實戰經驗歸納出來的戰爭法則，由此也反證他的「孫子十三篇」，陳君的研究彌補了歷史研究的不足。

本人進而強調說明，陳君研究孫子與當代各家的差異性，在大陸如楊善群、郭化若、吳如嵩等；在台灣如魏汝霖、丁肇強、劉必榮；在日本如服部千春等，以上皆屬當代名家，他們研究孫子都是針對「孫子十三篇」，或註解，或詮釋，或運用闡揚。陳君則針對孫子的實戰經驗，研究孫子最真實的生活面。由此另一途徑，更能窺知孫子的軍事哲學，確實是中國和世界共同的財富，給後世千秋萬代以源源不斷的智慧。

本書是中華文化復興運動總會八十五年學術著作得獎作品，榮獲當年度總統獎，是一本有水準的兵家、兵學實務研究專書，深受學術界肯定。真誠為各界推薦，是為序。

李長嘯將軍

學歷：陸軍官校三十四期、三軍大學戰爭學院七六年

經歷：師、軍砲兵指揮官、陸總部組長、台灣大學總教官

〈自序〉

從一個全新途徑檢證孫子「立德、立言、立功」的親身實踐經驗與價值

壹、開闢孫子研究的新途徑

兩千五百零八年以來（孫子退出吳國政壇到本書出版），中外研究孫子者，無不置重點於「孫子十三篇」；有針對言語象迹具體詮釋者，有對歷代不同版本加以比較注疏研究者，凡此已達數百家之量。以迄于今，把孫子兵法擴大運用，已從軍事領域漫溢浸淫到經濟、企管、談判、行銷、市場、管理、競選、組織管理、生涯規劃，乃至生活、愛情、女人等，都有結合孫子兵法運用的研究專書；以期人生、事業、社會與國家，能更臻成功或完美的境界，另一個「孫學」

（Sunology）普及的時代已經來臨！

但是，前述對孫子兵法的詮釋、注疏與運用的千百家，仍有「遺珠」之憾。孫子的「十三篇」是他自己「憑空」寫出來的嗎？或他研讀前代一些兵書與戰役，就歸納綜合出來的？或他是否親自上戰場驗證「十三篇」？檢證的過程又如何？這是我在二十多年前研究孫子時，發現的一個「歷史遺漏」，而且這是深值研究的遺漏。或許前人沒有發覺，我從這處歷史罅縫中，開闢孫子研究的新途徑。

貳、孫子研究新途徑的內涵：本書研究重點

這些「歷史遺漏」在我國古籍，如「左傳」、「春秋公羊傳」、「呂氏春秋」、「史記」、「越絕書」、「吳越春秋」、「國語」等，都曾提及，惟均以最精簡語句。數言帶過，欠缺過程與系統之描述。經本書研究，整理歸納，把遺漏的點點滴滴連結起來，成為研究孫子的新途徑，其內涵重點有：

．吳楚大戰的前因，即春秋當時的國際環境與國際大戰略，吳楚

兩國的內環境與歷史背景。

- 促動吳楚大戰的三個關鍵人物：申公巫臣、伍子胥和伯嚭，他們個人「愛恨情仇」的追蹤。
- 孫子如何見吳王闔閭？如何進行建軍備戰？孫子如何策訂伐楚的長期戰略？
- 孫子如何率軍北伐？如何用四年時間奪取大別山以東所有戰略要點，這是伐楚的緒戰。
- 孫子如何觀察當時國際情勢？把握大舉伐楚的時機，讓吳王下達正確的伐楚決心，比較吳楚兩軍作戰計畫（將才、兵力、路線、構想）。
- 吳楚兩軍五次重要戰役（柏舉、清發水、雍澨、漢水、郢城）經過研究與評析，孫子在這五戰中的戰略運用。
- 吳國君臣在楚都郢城的作為，為何無力治楚？秦楚聯軍如何反攻吳軍？在轉進作戰中，孫子角色為何？
- 從戰略的四個層次（大戰略、國家戰略、軍事戰略、野戰戰略），檢討吳楚大戰並分析成敗原因。

・孫子以十年時間，其建軍備戰，北伐西征，這些實戰經驗對軍事思想影響如何？主要是對建軍、備戰、用兵與戰爭型態四者，都有突破性的影響。

・孫子如何在政治和軍事間把握分際，成為超時空偉大的軍人典型？成為「兵學鼻祖」。「吳越春秋」說，「伍胥孫武白喜（即伯嚭）亦妻子常司馬成之妻，以辱楚之君臣也。」果真如此，孫子還能談「立德」嗎？

・研究孫子的現代意義，就海峽兩岸現狀，孫子在戰略、政治、軍事方面給大家那些啓示，才是兩岸共贏的局面。

參、一個期望：在台灣召開「孫子國際學術研討會」

「孫學」（Sunology）即是當代顯學，則對孫子研究有心得的各家學者，應齊聚一堂，共同倡論全人類共有的文化寶產「孫子」，讓更多人從中汲取無窮無盡的智慧和力量。在大陸已召開過三次（或更多）

「孫子兵法國際學術研討會」，有學者如東吳大學教授劉必榮、上海社會科學院研究員楊善群，撰文建議在台灣召開有關孫子的國際學術研討會，惟至今國內學術界似無進一步反應，顯然須要更多有心人扮演推手的角色。

以本書出版的機會，本人樂於回應與呼籲，各家對孫子研究有興趣的朋友，共同促成「孫子國際學術研討會」，把老祖宗的文化經典發揚光大。

本書承蒙兩位老長官，宋文將軍、李長嘯將軍，在百忙中撥冗撰序，是個人無尚榮耀，特此表達誠摯感謝。同時，黎明文化出版公司編輯部各位同仁，熱心鼎力支持與參與，才有本書問世的機會，亦獻上無限謝意。

本書雖經多次校訂，魯魚亥豕，手民之誤，仍然存有，敬祈見諒，海涵指教是幸。

陳福成　二〇〇三年元月　台北萬盛山莊

孫子實戰經驗研究

目錄

◆圖目錄

◆表目錄

緒論

春秋末葉周天子大權旁落，諸侯相互攻伐併吞。吳楚兩國爭戰長達七十九年，前六十九年間兩國均無太多進展，吳不能越大別山西進楚國境內，楚對吳國連年挑戰亦苦無對策。正在這歷史的轉捩點上，一代兵學鼻祖孫武走上這段歷史舞台，從闔閭元年（前五一五年）見吳王開始，到闔閭十年（前五〇五年）戰後退隱，約十年時間負責規劃吳國建軍備戰事宜，並任伐楚之聯軍「指揮官」，為吳楚戰爭七十九年劃下休止符。獲司馬遷在「史記」中贊曰：「西破彊楚，入郢，北威齊晉，顯名諸侯，孫子與有力焉。」（註一）本書以孫武為主角，以吳楚大戰末期為舞台詳加研究。

壹、研究動機

一、兩千多年來世人對孫子所深知與研究者，都僅在「孫子十三篇」範疇中，似未見有對孫子親自帶兵打仗的「實戰經驗」進行有系統的詳細研究，這一點作者至今依然存惑，數十年研讀孫子有許多珍貴心得，但對孫子本人是否曾把自己十三篇中的原理原則，親自在戰場上實證或實驗，都是長期以來心中的存疑，疑惑未解，終日寢食不安。

二、世人都知道孫子有「十三篇」的不朽立言，而在「立德」方面只知他並未介入吳國政爭，吳楚戰後退隱，其人品高潔是毫無疑問的。但並未能從他的生活面（平時與戰時）去印證德行，蓋只有從一個人活生生的生活中去觀察，才能對他的「立德」有個定論。「立功」方面數千年來人們似僅知「五戰入郢」，但未聞其詳，到底五戰如何入郢？亦為本書研究重點。

三、吳楚戰爭近八十年，孫子在最後決戰關頭走入沙場，先是吳入郢城，楚王西逃；接著隔年（闔閭十年，前五〇五年）秦楚聯軍反攻，吳軍大敗歸國，孫子退隱山林，數年後吳亦亡於越。此期間「人才」與「國家前途」呈現出某種「直接關係」，本書將探索其脈絡。

貳、研究架構

本書除緒論、結論外，本文區分九章，概約十二萬言，緒論陳述研究動機、架構、方法、限制等項。

第一章：研究春秋國防戰略與吳楚戰爭原因。
第二章：探討孫武見吳王及其建軍整備情形。
第三章：孫子率軍發動入郢緒戰經過。
第四章：研究入郢作戰之時機、決心及作戰計劃。
第五章：吳伐楚入郢五戰經過之研究及勝敗分析。
第六章：秦楚聯軍反攻及吳軍轉進作戰。
第七章：孫子實戰經驗及吳楚戰後檢討。
第八章：孫子實戰經驗對軍事思想之影響。
第九章：孫子實戰經驗的現代意義。

結論，彰顯孫子除了他的「十三篇」是萬世不朽的寶典外，他親自率軍作戰的經驗，具有「實務經驗檢證」上的珍貴價值。

參、研究方法

一、歷史研究法，本書依年代的縱線安排，於論述當時用主要國家年號，輔以西元及次

要國家年號，方便思考程序。

二、本書使用資料來自三軍大學及台灣大學圖書館，補以自購出版品，引用原典時，依原書標點符號。

三、關於孫子「實戰經驗」與「理論」的區分在本書範圍內，以「孫子十三篇」為理論部份；而孫子在吳國的「實兵演練」，參與各戰役、與吳王對話，平時戰時之言談記錄等，都列為實戰經驗部份，本書以研究實戰經驗為主，「十三篇」非本書研究主要內容。

四、本書有關戰爭名詞運用參酌現代概念，如緒戰、遭遇戰、決戰或轉進作戰等，為讓「史實說話」，本書引用古籍時盡可能引用原典。

肆、研究限制

一、本書研究範圍，時間限在闔閭元年（前五一五年）到闔閭十年（前五〇五年）計約十年，空間限在吳楚兩國境內，人物以孫武為主，其他為次。

二、有關孫子生平及其實戰經過，史料記錄不全使研究內容上受限甚大，翦陋之處，敬請指正。

◆註釋

註一：漢・司馬遷撰，裴駰等三家注，史記，孫子吳起列傳（台北：宏業書局有限公司，民國七十九年十月十五日再版），頁二一六一～二一六九。（本書以下再用史記以簡註之）。

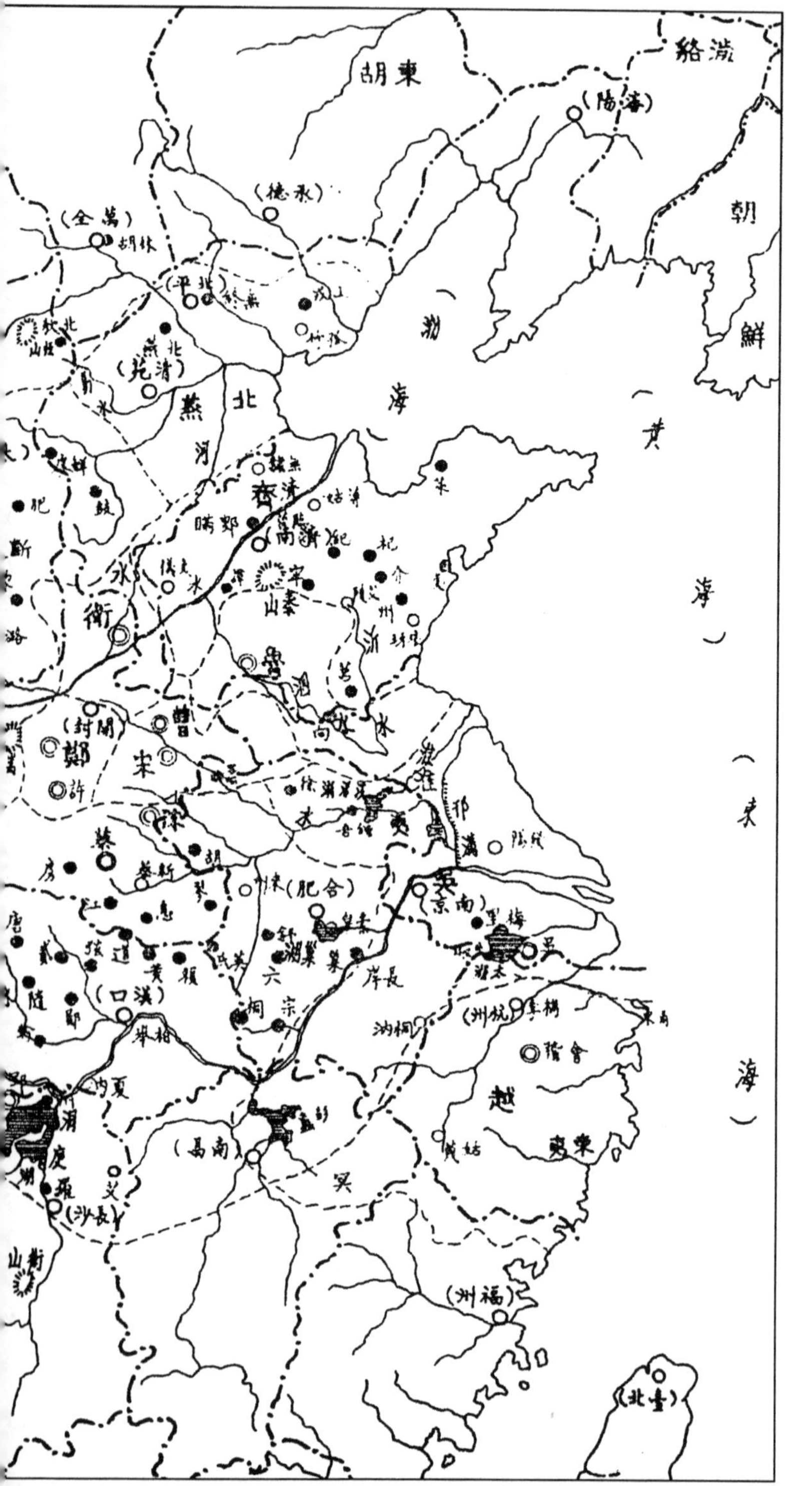

附圖一：春秋時代形勢圖

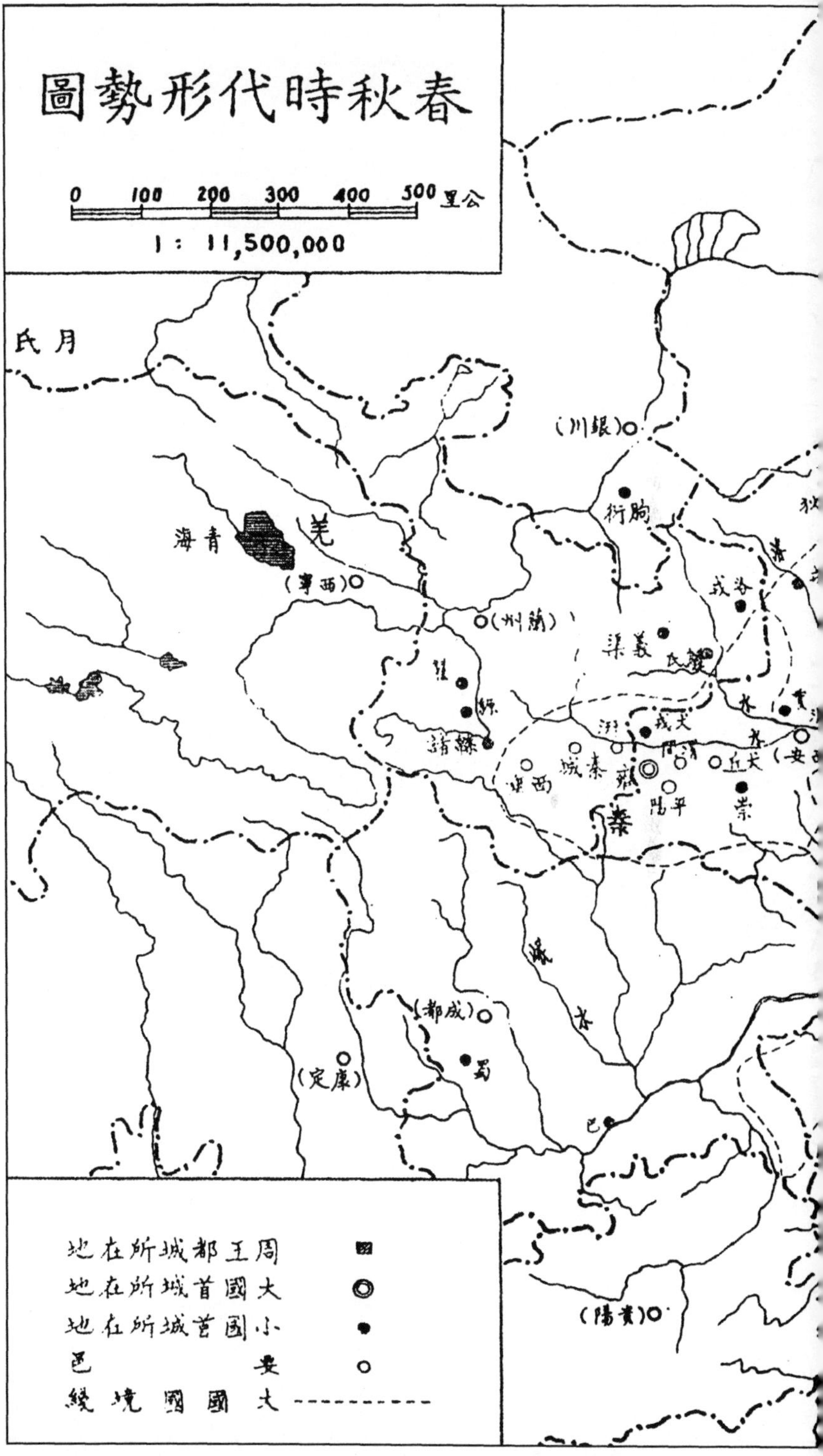
春秋時代形勢圖
0 100 200 300 400 500 公里
1 : 11,500,000
月氏
青海
羌
(西寧)
(蘭州)
(銀川)
朐衍
義渠
秦
平陽
崇
(成都)
蜀
(康定)
巴
(貴陽)
周王都城所在地
大國首城所在地
小國首城所在地
要邑
大國國境綫

春秋時代
國防戰略與吳楚戰爭原因

壹、前言

周代從周武王十三年（前一一二二年）滅殷始建，到周赧王五十九年（前二五六年），享國有八百六十六年，也有史家為年代區劃的方便，把秦始皇二十六年（前二二一年）訂為戰國時代結束，則周朝共有九百零一年，是我國歷史上建國最久的朝代。

史家依政治變遷情形，把周朝分成西周、春秋及戰國三個時期。西周時期起於周武王十三年，迄於周幽王十一年（前七七一年），歷時三百五十一年。春秋時期自平王東遷洛陽（前七七〇年），到威烈王二十三年（前四〇三年）韓、趙、魏三國被封為諸侯之年，歷時三百六十八年。後期到秦始皇統一中國，則戰國時期有一百八十二年之久。

周朝以封建制度（Feudalism）立國，建國之初就分封同姓諸侯五十五國，異姓諸侯七十八國。（註一）但到春秋時代以後，賴以立國的封建制度逐年崩解，乃有春秋與戰國兩個社會動亂程度不同的時代。而在春秋時代，為維持周政府免於迅速瓦解，造成天下大亂，諸侯之間形成一套有系統的國防戰略，此即「尊王攘夷」，由於此一戰略的實踐，阻止南方楚國北進中原的企圖，（註二）不得已採間接的「東進政策」，又因楚國東進勢必與新興的吳國發生衝突。加上當時吳楚兩國內部政經情勢，政治人物的個人復仇大義等因素，爆發了吳楚之間長期戰爭。

貳、春秋一般情勢及國防戰略（附圖一）

春秋之名來自孔子所修魯史「春秋」，從春秋到戰國這兩個時代，是一個連續的長期戰亂時代，所不同的是亂的程度有差別，春秋時代各國仍企圖「維持現狀」。戰國則企圖「打破現狀」，雖然春秋時代各國仍希望維持現狀，周天子在形式上依然為各國共主，但還是不能免於封建崩潰，各國相互攻殺兼併，考其原因：

一、財富分配的窮盡

在封建體系下，土地問題是透過井田制度來解決的，每個階級有固定的領土維持其基本生存。左丘明在「國語」晉語中所載：

> 諸姬之良，掌其中官。異姓之能，掌其遠官。公食貢，大夫食邑，士食田，庶人食力，工商食官，皁隸食職，官宰食加。政平民阜，財用不匱。（註三）

這表示各階級都能按職責大小食祿，且各級貴族（士、大夫、諸侯）各擁有固定土地與耕種之庶民，故能「政平民阜，財用不匱」。但西周經過三百多年的統治，人口不斷繁殖增加，社會資源包括糧食、住宅及行政負擔等，均不能突破增加。幾代以後貴族因無土地可供分封，成為失業的平民。此種價值分配的窮盡，乃產生所謂「相對被剝奪」（Relative Deprivation）問題，引發統治權危機，促成政權瓦解。（註四）

二、財富重分配過程中的錯亂

井田制度的破壞，不僅造成財富分配上終極的窮盡，也產生上下對流的財富重分配，身為貴族後裔可能無地無財。「詩經」中一個沒落的貴族唱出哀歌。

於！我乎！
夏屋渠渠；
今也，每食無餘。
于嗟乎！不承權輿！
於！我乎！
每食四簋；
今也，每食不飽，
于嗟乎！不承權輿！（註五）

反之，由於財產處分權的方便，各種財富重分配現象如兼併，買賣及贈與等，不可避免的發生，貴族財富不斷流入民間，原非貴族卻成為富豪，「詩經」曹風如此的寫照：「彼候人兮，何戈與祋。彼其之子，三百赤芾。維鵜在梁，不濡其翼。彼其之子，不稱其服。」（註六）封建體系權威的有效性，建立在財富流向在「固定空間」內，若固定疆界破壞，如貴族財富流向民間，就表示封建權威的基礎也受到破壞。（註七）

三、禮治制度鬆弛

封建維繫的另一力量是周公的禮治制度，規定各宗親封臣，遠近親疏的各種行為規範。此為後來法治的濫觴（但未能演變出近代的治治觀念殊為可惜），西周時代周室透過「禮治規範」，各地諸侯奉命惟謹，故能維持盛治現象。但到春秋時代，經數百年時間推移，井田宗法都受很大破壞，禮治制度亦在崩解中，表現最劇烈的是相互兼併攻殺。從周初分封一千二百多國，至春秋初期兼併成一百六十餘國，春秋晚期剩下十餘大國，大者如齊併滅十四國，宋併滅十國，晉併滅二十五國，秦併滅二十餘國，楚併滅六十餘國，吳併滅六國。（註八）

總結而言，周代的封建制度到了春秋晚期，已呈現崩潰狀態，諸侯自由擴軍，僭稱王號，都使周天子有隨時瓦解而成無政府狀態。尤其南方荊楚早有北進中原企圖，正當中原大亂，極須有一個「外抗強楚，中原團結」的計策，才足以挽救中原諸侯之危亡，這個政策就是「尊王攘夷」。

提出這個政策的是管仲，並獲齊桓公大力支持，認為要先強盛齊國，再領導中原諸侯作撥亂澄清之舉此即「尊王室，攘夷狄，繼絕世，舉廢國」，為中原諸侯共同努力的目標。這個政策亦受到諸侯支持，齊桓公才能「九合諸侯，一匡天下」，尤其周惠王二十一年（齊桓公三十年，前六五六年）春，齊桓公率八國聯軍伐楚，並與楚國在召陵（今河南省郾城縣東三十五里）會盟，楚國北進受挫，中原暫獲安定。（註九）管仲與桓公相繼謝世，楚獲入侵中原良機，較前更為猛烈，晉國適時崛起，續行「尊王攘夷」政策，晉景公時有鑒齊秦楚聯

盟，將不利晉國，為謀長治久安之計，與其謀臣擬訂一個長期戰略計畫，進一步強化「尊王攘夷」政策，並對楚國展開主動出擊，這個計畫有下列要項（參閱附圖一）：

（一）復興晉國霸業，阻遏楚國北侵。

（二）阻楚北侵，必先拆散齊秦楚聯合，此則先爭取齊國友好，或使其中立。

（三）爭取齊國，必先併滅太行山區的赤狄，使齊晉兩國壤地相接，作直接的連絡，並保有魯衛曹宋，中原北部連成一氣，對楚國形成地略優勢。（註十）

（四）聯齊如成，則相機先擊破秦國以孤立楚國，欲擊秦國，先與楚修好，使楚不援秦。

（五）擊破秦國後，乘楚之孤立擊破楚軍。

（六）但楚為強國，須聯吳以制楚之側背，對楚形成戰略包圍，為制楚最佳戰略。

（七）西北白狄恐為秦所利用而成後患，須儘早逐之於遠方。（註十一）

此一長期全般戰略在晉國君臣努力下，獲空前成功，先後聯吳制楚，擊破秦楚兩軍。楚國終於放棄侵陵中原野心，願與中原各國和平共存，為爾後的「弭兵之會」定下良好基礎。

「弭兵之會」在周靈王二十六年（前五四六年）七月在宋國召開。由晉卿趙武與楚令尹屈建主盟（兩人官職類似今之行政院長），參加會盟有宋景公與晉、楚、齊、魯、衛、曹、鄭、許、陳、蔡、滕、邾十二國大夫。會盟約定各國不起兵戎，各國相互聘問慶賀、救災恤鄰。自齊桓公倡「尊王攘夷」，到弭兵之會開成之年止，共一百三十三年，楚與中原各國終

於達成和平協訂，並維持以後的一百四十多年和平狀態。（如附圖二形勢圖）（註十二）

由於「尊王攘夷」策略成效，使得楚國北進無望，乃向東方發展而與吳國產生衝突。又因晉的「聯吳制楚」，派申公巫臣到吳教導陸戰戰法，吳國得以強盛成為楚之勁敵，這些都是春秋國防戰略——「尊王攘夷」執行下產生的「附作用」，也是日後吳楚長期大戰的遠因。

參、吳楚興起及其擴張政策

據民族史學家研究，吳、楚同為荊蠻，楚較吳漢化的早，但到春秋時代因申公巫臣奔吳，吳晉始通，吳亦漸次開始漢化。（註十三）在這兩國興起發展的長期過程中，由於各種因

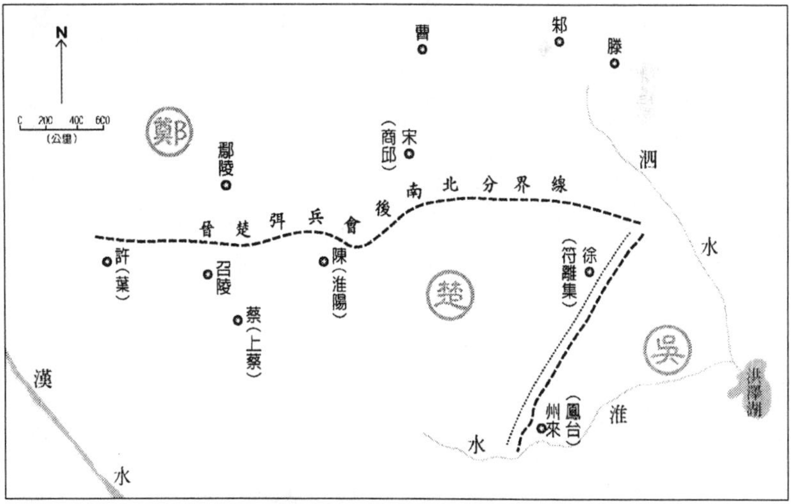

附圖二：晉楚弭兵會後南北與吳楚形勢圖
周靈王二十六年（前五四六年）七月

緣際會及內外情勢發展，導向長期戰爭，此處先從吳楚興起及其擴張政策，有一概括瞭解。

一、江漢為池，南方強權——楚國。

楚是江漢流域後起的民族，一向都視為「蠻夷」，而與「諸夏」為不同之民族。依據「史記」楚世家記錄：「楚之先祖出自帝顓頊高陽、高陽者，黃帝之孫，昌意之子也。」（註十四）「顓頊高陽」之事在西元前三千多年，仍半信史時代，可信度不高，比較可靠的是「史記」另一段的記錄：

> 周文王之時，季連之苗裔曰鬻熊，鬻熊子事文王，蚤卒，其子曰熊麗·熊麗生熊狂，熊狂生熊繹·熊繹當周成王之時，舉文、武勤勞之後嗣，而封熊繹於楚蠻，封以子男之田，姓羋氏，居丹陽。（註十五）

鬻熊是周文王治下的臣子，是楚人可靠的先祖，傳到熊繹時受周成王封在楚地，賜姓羋（音ㄇㄧˇ），定都丹陽（今湖北歸秭東），這是一個「子男爵位」的小國，此事約在西元前一千一百多年的時侯。

楚雖小國，但一開始就有壯大的企圖心，西周昭王南巡死在漢水，據說是楚人所害（周昭王五十一年，前一〇〇二年），中原各國因視楚為蠻夷之邦，楚人心中始終不平，為此在周幽王時代楚曾伐隨國，要求周天子的「平等待遇」。到周桓王時代，楚子熊通又向周天子請願封王，但桓王不許，「史記」這樣記載：

楚熊通怒曰：「吾先鬻熊，文王之師也，蚤終，成王舉我先公，乃以子男田令居楚，蠻夷皆率服，而王不加位，我自尊耳。」乃自立爲武王。（註十六）

熊通自立為王（周桓王十六年，前七〇四年）後，開始東征西討擴張領土，到楚文王時始建都於郢（湖北江陵）。此後大約一百五十多年間，到宋向戎「弭兵之會」時止，楚與中原各國爭戰不斷，其大者如宋楚泓之戰、晉楚城濮之戰、晉楚邲之戰及鄢陵之戰等，都是為了「北進中原」的雄心。最讓周天子擔心的是「楚子問鼎」事件，楚莊王頗有「取周而代」的企圖。「左傳」記載說，楚莊王一直進兵到洛陽郊外，對周天子進行「武力示威」，定王大為恐慌，特遣王孫姬滿前去「勞軍」。莊王故意威脅，問王孫：「鼎的大小輕重如何？」王孫從容回答：

在德不在鼎。昔夏之方有德也，遠方圖物，貢金九牧，鑄鼎象物……商紂暴虐，鼎

遷于周……周德雖衰，天命未改，鼎之輕重，未可問也。（註十七）

依王孫之意，政權轉移的力量在道德文化，非鼎之大小輕重，楚莊王覺得有道理才退兵回國，此事發生在周定王元年（楚莊王八年，前六〇六年）。此後楚不斷與北方諸侯長期鬥爭，直到「弭兵之會」才正式放棄以「直接路線」北進中原。但最早在齊桓公時代，當時楚成王就已開始走「間接路線」，進攻淮河、泗水流域各小國，得之亦可北進中原。但此舉無可避免的與吳國發生各種利益上的衝突，引發長期戰爭，楚莊王之後有共王、康王、靈王、平王等，與吳有過七十多年戰爭，大的戰役如皋舟之役、長岸水戰、雞父之戰等，對新興的吳國似乎漸感無力應付，到楚昭王之時，孫子加入吳國陣容，吳楚之間才開始有決定性的轉變。

二、水鄉澤國，大江下游的新國家——吳國

依「史記」記載，周太王古公亶父生有三子，長太伯、次仲雍、三季歷。太伯與仲雍因避位讓季歷，乃奔荊蠻，聚眾千餘家於句吳（今江蘇吳縣），立為吳太伯（事在西元前一二二七年）。太伯卒，傳弟仲雍。仲雍卒，傳子季簡。季簡傳子叔達。叔達傳子周章，周武王封周章於吳，吳始正式列為諸侯。（註十八）周章傳了十四代，到吳壽夢正式稱王（壽夢元

年，前五八五年），時晉景公為連吳制楚，派楚亡臣申公巫臣到吳，教吳人車戰之法，並嗾使攻楚，吳乃對楚之邊城及附庸國（如州來、郯國）進攻，這是吳國首次對當時江漢強權的楚國有攻擊行為，亦拉開吳楚長期戰爭的序幕。

吳自壽夢建國後，各代國君都採擴張政策，但並無太多突破，勢力範圍亦限於淮泗以南，大別山以東地區。直到闔閭時代，伍子胥、伯嚭及孫武等人分獲重用，吳開始有計畫的建軍備戰，伐楚伐越開始有計畫的執行，吳楚的數十年長期爭戰也在闔閭任內寫下完結篇。

這裡探討吳楚兩國興盛與戰爭導因，但深入研究吳楚戰爭原因，除了歷代國王有擴張企圖並不足以說明爆發戰爭之原因，亦不足以解釋為甚麼在闔閭任內就能「伐楚入郢」。這裡面還有個人「愛恨情仇」的動力，才加速伐楚入郢的完成，這些個人先簡介如下節。

肆、個人愛恨與「復仇大義」促成吳楚大戰動力

由個人的愛恨情仇所趨動，導吳楚於長期大戰者有三人，即申公巫臣、伍子胥與伯嚭。申公使吳雖在孫子參與伐楚實戰之前七十多年，但他是伐楚最初策劃者。而伍子胥及伯嚭在孫子伐楚實戰時，處心積慮參與策劃，當孫子被吳王闔閭任命為吳、唐、蔡三國「聯軍指揮官」時，他二人亦任孫子的「副指揮官」。故申公、子胥及伯嚭是吳楚大戰最有力的策動

者。

一、吳楚大戰最早的策劃者——申公巫臣

申公巫臣本名屈巫臣，為楚國大夫，封於申（河南陽），故稱申公。巫臣原仕楚，先逃到晉國，再由晉使吳，並積極策動吳伐楚，有一段淒美的故事。

在周定王時，陳國國君靈公是淫亂之徒，他與大夫孔寧、儀行父三人均與當時的美女夏姬私通，夏姬之子夏徵舒怒在心頭，藉機持弓箭射陳靈公，孔寧和儀行父乘亂逃到楚國。楚莊王藉夏徵舒弒君之理由，於周定王九年（前五九八年）併滅陳國。

楚滅陳之後，楚莊王動心於夏姬的美艷，想納為愛妃，巫臣認為有失體統極力勸阻。後來楚之大將子反（晉楚鄢陵戰敗自殺）想娶她，莊王已答應，但巫臣評夏姬是不祥之人，子反也落空。最後楚莊王把夏姬賜給連尹襄老，其實巫臣早在暗戀夏姬，並在尋找機會中。

次年（前五九七年）晉楚邲之戰（在河南鄭縣），連尹襄老在這一戰役陣亡，巫臣看到機會來了，暗中與夏姬私通款曲。他先叫夏姬以接回襄老屍體之名義到鄭國，自己再以出使齊國機會到鄭國，帶夏姬逃亡到晉國，此事在楚國揭穿後，所有想得到夏姬而落空的人，對巫臣的族人採取嚴厲的報復手段。「左傳」這樣記載：

及共王即位，子重、子反殺巫臣之族子閻、子蕩及清尹弗忌及襄老之子黑要，而分其室。子重取子閻之室，使沈尹與王子罷分子蕩之室，子反取黑要與清尹之室。巫臣自晉遺二子書曰：「爾以讒慝貪惏事君，而多殺不辜，余必使爾罷於奔命以死。」（註十九）

巫臣為了夏姬，他在楚國的族人被殺，家被抄，妻妾被分佔。此時晉正為「聯吳制楚」尋找適當人才，乃封巫臣為大夫，出使吳國，「左傳」上說：

巫臣請使於吳，晉侯許之。吳子壽夢說之，乃通吳于晉。以兩之一卒適吳，舍偏兩之一焉。與其射御，教吳乘車，教之戰陳，教之叛楚。寘其子狐庸焉，使爲行人於吳。吳始伐楚，伐巢，伐徐。（註二十）

所謂「一偏」是九乘戰車，「一卒」是一百二十五人。（註二一）狐庸是巫臣的兒子，也帶到吳國被任命為行人（外交官），並負責遊說江漢各小國叛楚歸吳。「國語」楚語肯定的認為「至于今為患，則申公巫臣之為也」（註二二）可見吳楚之長期大戰，楚國招來八十年之戰禍，最後由孫子率吳軍入郢城，其最初的策劃者就是申公巫臣，而這一切的發生，竟然只為一個女人——美麗的夏姬。

二、千古烈丈夫——伍子胥

伍子胥和伯嚭二人之所以決心導吳伐楚，完全為報親人被楚王殺害之仇。「復仇」一事從廿世紀的現代觀點看，是屬非法行為，情理也不許可個人的復仇行為。但在春秋時代，復仇是「春秋大義」，不能不為也。依「禮記」規矩是「父之仇不共戴天，兄弟之仇不反兵」，「公羊傳」說「九世猶可以復仇乎？雖百世可也！」（註二三）可見復仇原是中國優良傳統。

伍員，字子胥，父伍奢，先祖伍舉在楚莊王時代耿直忠諫出名。楚平王時因為一個美麗的女人引起一場骨肉屠殺，此事在「史記」伍子胥列傳記載：

> 楚平王有太子名曰建，使伍奢爲太傅，費無忌爲少傅。無忌不忠於太子建。平王使無忌爲太子取婦於秦，秦女好，無忌馳歸報平王曰：「秦女絕美，王可自取，而更爲太子取婦」平王遂自取秦女。（註二四）

秦女即孟嬴，果然美麗動人，楚平王依費無忌建議納入後宮。無忌不斷讒害太子建，在平王面前說太子建要謀反，於是擒太子太傅伍奢審問，再派人追殺太子，太子便亡命宋國，費無忌言於平王，伍奢有二子，伍尚、伍員，應一併誅殺，以免留下後患，平王使人召曰：

「來，吾生汝父；不來，今殺奢也。」伍尚、伍員兩兄弟對於是否應召，在「史記」中有精彩的對話：

伍尚欲往，員曰：「楚之召我兄弟，非欲以生我父也，恐有脫者後生患，故以父為質，詐召二子。二子到，則父子俱死。何益父之死？往而令讎不得報耳。不如奔他國，借力以雪父之恥，俱滅，無為也。」伍尚曰：「我知往終不能全父命，然恨父召我以求生而不往，後不能雪恥，終為天下笑耳。」謂員：「可去矣！汝能報殺父之讎，我將歸死。」（註二五）

伍尚、伍員兩兄弟對當前狀況分析判斷後，下達了不同決心，伍尚隨父就死，伍員先逃到宋國，再到鄭國，最後經千辛萬苦帶著太子建的兒子芈勝逃到吳國，並與當時隱居吳國的兵學大師孫武結為好友，共同效命吳王闔閭為伐楚大業而努力。

闔閭、伍員、孫子三人之中，以伍員為中心，他是真正居中撮合的關鍵人物。也是吳楚長期大戰過程中，到末期策動伐楚最有力的決策人物。伍子胥處世的決斷、理性，故太史公贊曰：「向令伍子胥從奢俱死，何異螻蟻。棄小義，雪大恥，名垂於後世，悲夫！方子胥窘於江上，道乞食，志豈嘗須臾忘郢邪？故隱忍就功名，非烈丈夫孰能致此哉？」（註二六）

顯然伍子胥當初在楚國的狀況判斷與的決心，勿論在當時或後世都是正確的。

三、投機主義的高手——伯嚭

依「史記」上說，楚誅其大臣郤宛、伯州犁，伯州犁之孫伯嚭亡奔吳，吳亦以嚭為大夫。集解說；「伯州犁之子曰郤宛，郤宛之子曰伯嚭。」（註二七）楚昭王元年（前五一五年）因楚費無忌之讒害，伯州犁與郤宛全都被殺，伯嚭亡命吳國。「越絕書」上說：

> 伯嚭以困奔於吳，是時吳王闔閭伐楚。悉召楚仇而近之。嚭爲人覽聞辯見，目達耳通，諸事無不知。因其時自納於吳，言伐楚之利，闔閭用之伐楚。令子胥孫武與嚭將師入郢，有大功還，吳王以嚭爲太宰，位高權盛。（註二八）

依歷史上的研究，因為費無忌的讒言，楚靈王殺伯州犁，令尹囊瓦殺郤宛。（註二九）是可以確認的。伯嚭奔吳以謀楚，到吳國後伯嚭同子胥都被闔閭重用，積極策劃伐楚事宜，並於伐楚入郢之戰任孫子的副將。至於以後伯嚭讒害伍子胥，導致子胥被迫自殺，吳亦滅亡。這是另一段史事，非本文研究範圍，但伯嚭「貪而好色」，是個投機主義者是對他最佳之定論。就遵守當時「春秋大義」與道德標準言之，借力為先人復仇是一股很大的趨策動力，也因為復仇之義加速吳楚最後的決戰的提早發生。

伍、吳楚戰爭的政經因素

導發吳楚戰爭的原因，除了前述春秋國際戰略產生的作用，吳楚兩國歷代國王的擴張企圖，伍子胥等人的復仇運動加速點燃戰火之外，還有吳楚兩國內部的政經因素，亦足以遭致戰爭。

一、吳楚兩國內部政治因素

國家內部政治是否清明，與戰爭是否發生並無必然關係，但政治清明一向是觀察國力與戰力的重要指標。國家內部政治腐敗，官吏貪色貪財，常遭致外力入侵，反之則否，從歷史上的經驗觀察來看，幾乎成為一項通則，故從這個角度依然可以發現吳楚戰爭的另一原因。

首先在楚國方面，自共王之後有康王、靈王、平王，三者均非才略之君。靈王連年窮兵黷武，國內怨憤，最後眾叛親離自盡死於征途。（註三十）平王愛財貪色，只聽小人讒言，毫無智慧與判斷力，當代忠良與人才非死即逃。而當時的令尹子常對各小國強取豪奪，逞一己私欲，亦不顧國內子民死活。「國語」楚語描述當時政治與社會狀況，證明「肉腐蟲生，

魚枯生囊」的道理。

今子常，先大夫之後也，而相楚君無令名於四方。民之羸餒，日已甚矣。四境盈壘。道殣相望，盜賊司目，民無所放，是之不恤，而蓄聚不厭，甚速怨於民多矣。積貨滋多，蓄怨滋厚，不亡何待。（註三一）

當民怨四起，人民無依，生命財產不保，路邊到處有死人。而國王大臣等重要政治人物仍視不見，成天醉在美酒女人懷裡，則國家「不亡何待」。

另一方面的吳國，闔閭正整軍經武厚植國力，用人唯才，準備大舉伐楚。「國語」如是說：

夫闔閭口不貪嘉味，耳不樂逸聲，目不淫於色，身不懷於安，朝夕勤志，卹民之羸，聞一善若驚，得一士若賞，有過必悛，有不善必懼，是故得民以濟其志。（註三二）

此時吳國政治清明，唯才是用，當時的一批豪傑、人才，如伍子胥、伯嚭及孫武等人，

不投向北方齊魯各國，獨奔向新興的吳國，投效闔閭麾下，誠然是有道理的，而這個道理是一個良好的政治環境，使來的人能發揮長才，一展抱負。闔閭真是「不成功也難」！

二、經濟因素

素來研究戰爭者，亦有從經濟因素如國家基礎工業來分析，如明治維新後的日本以堅強的基礎工業為支持，經數十年之發展而雄視全球，乃能建立強大的三軍戰力，用為侵略鄰國的本錢。

春秋末期的吳國，因其鑄鐵、造船工業之進步，故有「三江五湖通商之利」以富強其國。依史料研究發現，中國由銅器時代進步到鐵器時代，以吳越為嚆矢，比楚國早。中國之運河、海運與水師之發展，以吳越為先鋒，也比楚國早有基礎。（註三三）「楚文化研究」一書確認，楚國的鑄鐵工業在春秋時代起步較晚，到戰國時代則後來居上。（註三四）「越絕書」描寫當時吳國「兵工廠」生產武器裝備的情形，有如下記錄：

> 闔閭以鑄干將劍，使童男童女三百人鼓橐裝炭，金鐵刀濡，遂以成劍。（註三五）

這說明光是「鼓橐裝炭」就有三百多年青員工，可見這座兵工廠的規模不小，在吳楚戰

爭末期吳國的國防基礎工業較楚為佳，應是可以確認的事，能製造較佳的武器裝備，當然有助於提昇戰力。使領導階層對發動戰爭的欲望，亦大大提高，戰爭爆發的可能性也提高。

陸、結語

吳伐楚的決定性階段到了吳王僚十二年（前五一五年），當闔閭奪取政權時已是如箭在弦，有闔閭旺盛的企圖心，有伍子胥負責政略、謀略上的規劃，而這一年「無所不知，足智多謀」的伯嚭也從楚逃亡到吳，更增加吳王伐楚的信心。現在只欠「東風」，須要一位真正懂軍事戰略，實際負責作戰指導的「戰地指揮官」。

一代兵學大師——孫武，就在這個時侯加入伐楚陣容，使得吳楚爭戰七十多年以來，即將有的決定性的轉變。本文旨在研究孫子實戰之前，當時春秋時代的國際環境對吳楚戰爭發生的因果關係，及吳楚兩國內部政治環境導發戰爭的諸項因素，發現當時吳楚兩國之內外環境和人事佈局，都對孫子率軍伐楚有利。以下各章將逐次討論。

◆註釋

註一：張金鑑，中國政治制度史（台北：三民書局，民國六十二年九月四版），頁二六～二七。

註二：所謂「中原」：就是現代所稱的華北大平原，北到長城，南到淮河，西到函谷關，東到東中國海。是中國歷代政治舞台的重心，有雄心的領導者無不以「進出中原」為最終目標。參閱柏楊著，中國人史綱，上冊，第一章（星光出版社，出版時地欠）。

註三：周，左丘明，國語，晉語四（台北：漢京文化事業公司，民國七十二年十二月三十一日），頁三七一。

註四：李錫錕，政治意識型態擴散之研究——春秋戰國之案例（台北：中央研究院，民國七十六年元月），頁十九～二〇。

註五：詩經，秦風（台北：時報文化出版公司，民國七十六年元月十五日），上冊，頁三六七～三六九。

註六：詩經，曹風，同註五，下冊，頁四一五～四一七。

註七：同註四，頁二〇。

註八：中國歷代戰爭史，第一冊（台北：黎明文化事業公司，六十九年四月，再版），頁一〇七～一〇八。

註九：齊桓公初娶蔡姬，兩人乘舟於囿，蔡姬蕩舟戲桓公，桓公怒，出蔡姬歸蔡。蔡穆侯原降於楚，乃獻蔡姬於楚成王。齊桓公乃於三十年會魯、宋、陳、衛、鄭、曹、許八國之師伐蔡，蔡師潰，聯軍繼而伐楚。中國歷代戰爭史，第一冊，頁一四八～一四九。

註十：春秋時狄族有三種，赤狄分佈在山西、河北，白狄分佈在陝西一帶，長狄大抵在今冀、魯、

豫三省交界處。

註十一：徐培根，中國國防思想史（台北：中央文物供應社，七十二年六月），頁三三五～三三六。

註十二：附圖二參考中國歷代戰爭史，第一冊，圖一～三二繪成。

註十三：劉義棠，中國邊疆民族史（台北：中華書局，五十八年十一月初版），頁三一～三三。

註十四：史記，楚世家第十，頁一六八九。

註十五：同註十四，頁一六九一～一六九二。

註十六：同註十四，頁一六九五。

註十七：袁少谷註，左傳詳釋（台北：五洲出版社，六十年四月一日），頁二〇四。

註十八：史記，吳太伯世家，頁一四四五～一四四七。

註十九：同註十七，頁二七〇。

註二十：同註十七。

註二一：同註十七，頁二七二。

註二二：國語，楚語，頁五三九。

註二三：仕映滄，歷代中興復國史述要（台北：正中書局，五十年四月台初版），頁一〇四。

註二四：史記，伍子胥列傳，頁二一七一。

註二五：同註二四，頁二一七二。

註二六：同註二四，頁二一八三。

註二七：同註二四，頁二一七五。

註二八：漢，袁康、吳平撰，越絕書（台北：世界書局，五十一年十一月初版），頁九一～九二。

註二九：同註二三，頁一一五。

註三十：楚靈王十一年（前五三〇年）伐徐，靈王的另一個弟弟公子比被靈王所逼逃亡晉國，乘靈王帶兵在外，回國發動政變，自立為王。靈王聞訊趕回，一路上軍士紛紛逃亡，均眾叛親離，靈王行至中途自殺而死。陳致平，中華通史，第一篇（台北：黎明文化出版公司，六十七年四月五日），頁三三〇。

註三一：國語，楚語，頁五七四。

註三二：同註三一，頁五七八～五七九。

註三三：張其昀，中華五千年史，第三冊（台北：中國文化研究所，五十一年四月初版），頁九四。

註三四：文崇一，楚文化研究（台北：東大圖書公司，七十九年四月），頁三五。

註三五：同註二八，頁三六，「橐」音ㄊㄨㄛˊ，古代鍊鐵時，用皮囊做的大風箱，以提高鍊爐溫度。

第二章

孫子見吳王與建軍備戰

壹、前言

孫子加入吳軍陣容後，為完成伐楚大業，概分成建軍備戰、初期緒戰、五戰入郢、轉進作戰等四個階段，前三階段是伐楚入郢的即定計畫，亦合孫子的全程戰略構想，但轉進作戰應非即定計畫，而是一項歷史事實。

本章研究孫子見吳王及建軍備戰，時間從闔閭殺吳王僚自立（吳僚十二年，前五一五年）開始，到闔閭三年（前五一二年）底緒戰發起，約有三年多。

貳、孫子到吳與伍子胥推荐

孫武是齊國貴族田完的後裔，田完的第七世孫，何時到吳尚沒有可靠的記載，但以齊景公十六年（前五三二年），齊國發生田、鮑、高、欒四族之亂後，孫武離開齊國故土，到南方新興的吳國居住，這個說法較被多數學者接受。（註一）但孫子身世說法多種，仍待考證研究。

孫子到吳國後，一方面靜觀天下大勢，並潛心研究中國古代兵書，如此持續約有十年左右。孫子與伍子胥結交應在吳王僚五年（前五二二年）到僚十二年（前五一五年）間，成為共同研討政治、軍事的好朋友。（註二）此期間，子胥亡命吳國，尋找復仇良機，他發現公子光早有弒僚自立的雄心。伍子胥列傳說：「伍胥知公子光有內志，欲殺王而自立，未可說以外事，乃進專諸於公子光，退而與太子建之子勝耕於野。」（註三）終於機會有了，楚平王卒，楚昭王立（前五一五年），吳王僚乘楚有喪，派公子掩餘，燭庸伐楚，楚軍斷其退路不得歸。同時間，吳王僚派季札出使晉國，派慶忌出使鄭、衛，國內呈現空虛狀態，公子光用殺手專諸「魚腸劍」之計，刺殺吳王僚自立，是為吳王闔閭，此時正是吳僚十二年（前五一五年）四月。這些事情孫子是否參與，史無記載，但以伍子胥與孫子當時的交情，及「英雄所見略同」的智慧交集，孫子知道子胥的計畫應是合理的判斷。

刺殺吳王僚都是子胥一手策劃，闔閭即位後自然依為股肱。闔閭、子胥二人也清楚，吳與楚爭戰數十年來，作戰地區始終不出淮河流域，不能超越桐柏山、大別山，深入楚境的事實困境不能突破。但伍子胥自楚亡命而來，更清楚自吳發兵到郢城的直線距離就有一千公里，必須要一位深通韜略的軍事長才，否則絕難成功，闔閭為此大傷腦筋，子胥發現推荐孫子的時機到了，依歷史記載子胥曾七次推荐孫子，可見當時孫子隱居在吳，除有謀略的伍子胥外少有人知道，「知名度」不高才有用宮女測試練兵的一幕出現。子胥力荐孫子時對吳王說，大王虔心思士，欲興兵以誅暴楚，以霸天下而威諸侯，非孫武之將，而誰能涉淮踰泗，越千里而戰乎！（註四）闔閭有些心動，同意先召見孫子，當面問對再說。

參、孫子見吳王闔閭

闔閭何時召見孫子，歷史上沒有明確的記載，不過闔閭奪取政權之後，求才若渴，又有伍子胥在一天之內連續七次向吳王推荐孫子，所以闔閭登王位不久就在伍子胥安排下召見孫子（約在前五一五年，最晚在闔閭元年即前五一四年初）。（註五）近人依史料所做的研究，亦大多認為闔閭取得王位不久就召見孫子，故以前五一五年下半年召見孫子，並用宮女試練陣法為較合理的判斷。

吳王召見孫子時，二人問對測試情形在「史記」孫子列傳中有詳細記載，為確實展現史事之生動及研究之完整，照錄如後：

孫子武者，齊人也。以兵法見於吳王闔閭。闔閭曰：「子之十三篇，吾盡觀之矣，可以小試勒兵乎？」對曰：「可」。闔閭曰：「可試以婦人乎？」曰：「可」。於是許之，出宮中美女，得百八十人。

孫子分爲二隊，以王之寵姬二人各爲隊長，皆令持戟，令之曰：「汝知而心與左右手背乎？」婦人曰：「知之」。孫子曰：「前，則視心；左，視左手；右，視右手；後，即視背。」婦人曰：「諾」。約束既布，乃設鈇鉞，即三令五申之。於是鼓之右，婦人大笑。孫子曰：「約束不明，申令不熟，將之罪也。」復三令五申而鼓之左，婦人復大笑。孫子曰：「約束不明，申令不熟，將之罪也；既已明而不如法者，吏士之罪也。」乃欲斬左右隊長。

吳王從臺上觀，見且斬愛姬，大駭。趣使使下令曰：「寡人已知將軍能用兵矣，寡人非此二姬，食不甘味，願勿斬也。」孫子曰：「臣即受命爲將，將在軍，君命有所不受。」遂斬隊長二人以徇，用其次爲隊長，於是復鼓之。婦人左右前後跪起皆中規矩繩墨，無敢出聲。

於是孫子使使報王曰：「兵既整齊，王可試下觀之，唯王所欲用之，雖赴水火猶可也。」吳王曰：「將軍罷休就舍，寡人不願下觀。」孫子曰：「王徒好其言，不能用其

實。」於是闔閭知孫子能用兵，卒以爲將。（註六）

從吳王召見孫子過程中，可知「孫子十三篇」是未召見前，隱居在野的時侯就寫作完成。吳越春秋則稱「吳王召孫子問以兵法，每陳一篇，王不知口之稱善。」（註七）但可知孫子是「依法論法，直來直往」的人，殺了吳王寵姬，難得吳王歡心，不得不承認孫子的軍事長才，乃重用孫子，並經常與孫子問對兵法上的問題。（註八）

從吳王召見孫子並加以重用後，伐楚大業開始進入「建軍備戰」階段，在吳王、子胥與孫子三人共同策劃下，戰備整備的要項有重新編練三軍、擴建城池工事、策訂長期全程戰略、觀察作戰地區地略形勢，本文逐項探討各要點內容。

肆、重新編練三軍

吳最早在壽夢建國初期，申公巫臣率領一百二十五人的「示範部隊」到吳，教授吳軍乘車、御射、戰陣之法，吳軍開始有正常的部隊訓練。從以後的吳楚衡山之戰（前五七〇年）、皋舟之役（前五五九年）等戰役，都可以看出吳國已有不錯的陸軍和水師。但在孫子看來，部隊編制太落伍，原來春秋到了孫子這個時期，車戰已是盛極將衰。（註九）必須重

新編練以步兵為主的部隊，能適合江淮與山地作戰，尤其要適於「千里遠征、涉川越險」的野戰機動，這支部隊的編制如下：（註十）

附表一：吳國三軍編制

第一軍
- 將軍一人
- 副將軍一人
- 車二乘
- 載日月旗
- 建晉鼓
- 挾經
- 秉枹
- （全軍約一萬一千二百人）

第一旌、第二旌、第三旌、第四旌、第五旌、第六旌、第七旌、第八旌、第九旌、第十旌

第一旌
- 嬖大夫一人
- 建旌（旗）
- 提鼓
- 挾經
- 秉枹
- （每旌全員約一千一百十人）

第一行、第二行、第三行、第四行、第五行、第六行、第七行、第八行、第九行、第十行

第一行
- 行兵一百人
- 行官上士一人
- 行帥三人
- 執鐸
- 執稽
- 建幡
- 執楯
- （每行官兵約百一十人）

附記：
- 挾經　主文書謀略
- 秉枹　主擊鼓發令
- 執鐸　主執大鈴
- 執稽　主稽名籍與補給
- 建幡　執旗幡
- 執楯　執標識之楯

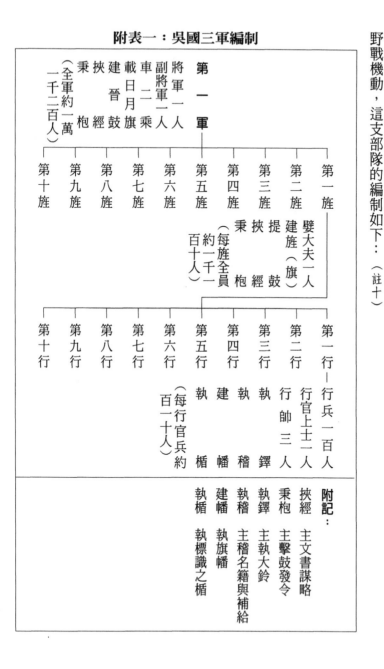

一軍編制為一萬一千二百人，其第二、三軍均同第一軍。每軍下轄十旅，每旅下轄十行，總兵力三軍共有三萬三千六百人。部隊編成，孫子積極演練戰陣，闔閭亦經常出入士卒之中，與兵士同甘苦共飲食，軍心士氣大增，孫子深知步兵特質，把部隊訓練重點放在「單兵教練」上，所謂「聚散離合、站坐進退」之令，指的就是步兵單兵教練，這和「史記」孫子吳起列傳操練宮女「左、右、前、後、跪、起。」課目的內容是一致的，只有這樣訓練出來的軍隊，才能超越大別山，渡越江淮。

伍、擴建城池工事以防越

吳國計畫伐楚是空國而出的遠征作戰，必須預防可能後患，將都城重行擴建，這件事在本階段內闔閭、伍子胥和孫子三人是有共識的。但主要負責城池工事督建的是伍子胥，所以「越絕書」上說「使子胥築闔閭城都之，今蘇州也。」（註十一）其詳細位置在今天姑蘇山稍偏東北三十里，除大城外另建有小城。

據「越絕書」記載，吳大城周有四十七里二百一十步七尺，其東西南北共有八個城門。東有匠門、婁門；西有闔閭門（亦曰破楚門）、胥門；南有盤門、蛇門；北有齊門、平門。此八門均兼水陸兩用，八門之外東南又有「封門」，可能做前哨之用。再東南又有「栗門」，

可見當時建城完全從軍事考慮，為防越人來襲。在大城旁建「大業城」「沿松江下滬瀆，闔閭使干將于此置冶鑄劍」，可見「大業城」是一座「國防工業城」，為初建的三軍鑄造武器。

另有吳小城，周十二里，其下廣二丈七尺，門三，皆有樓。又有東宮，周一里二百七十步，秦始皇十一年（前二三六年）毀於失火。

另有伍子胥城，周九里二百七十步，此為專制越之城，其他與備戰有關的工程還有「射臺」二，一在華池昌里，一在安陽里。

研究闔閭所建城池似多為防越，如闔閭城無東門，在防越自東門入。伍子胥城則因有越在東南，故「立蛇門，以制敵國，吳在辰，其位龍也，越在巳地，其位蛇也」，以示制越。（註十二）從現代觀點這些都是迷信，但說明吳國君臣防越偷襲的意念是很堅定的。吳所以要防越，來自楚國為反制晉國「聯吳制楚」的大戰略，進行「聯越制吳」，但楚國這項「聯越制吳」戰略在吳軍入郢前，並沒有產生預期效用。有一種說法，楚國當時派范蠡、文種二人到越執行此項戰略，但未有證據說明他二人有此任務。實際上他二人是見楚國政治腐敗，已無可為也，故逃到越國，句踐加以重用。

擴建城池工事大體在何時完工，史書無詳載，不過「越絕書」說太伯為使民安居，始築城，闔閭元年（前五一四年）又造大城。（註十三）故重要主體工程應在二至三年左右完工，以利儘早發起軍事行動，爾後可能逐年補強，蓋吳欲伐楚，越是最大的後患。

陸、策訂長期戰略

楚在當時是大國，尤其弭兵會後晉楚成休戰狀態，多數兵力向東進出，在陳、蔡、不羹（今河南舞陽縣西北）都有兵車千乘戍守。（註十四）吳在兵力對比上是劣勢，闔閭、伍子胥與孫子三人共同研擬一個可以致勝的戰略，子胥獻三分疲楚策略，亦可稱之「長期消耗疲敵戰略」。「左傳」上記載說：

> 楚執政眾而乖，莫適任患。若爲三師以肄焉，一師至，彼必皆出。彼出則歸，彼歸則出，楚必道敝。亟肄以罷之，多方以誤之，既罷而後以三軍繼之，必大克之。（註十五）

這就是有名的「三分疲楚」策略，把吳軍分成三部份，一次只出動一部，敵來我歸，彼歸我出。這是一種消耗襲擾性的攻擊行為，目的在消耗楚國戰力，待楚軍疲弱之際則集中三軍兵力，一舉殲滅楚軍入郢。

長期戰略既定，接著是議訂目標奪取的優先順序。吳王君臣觀察當時的國際情勢與戰略態勢（如附圖三）。徐國與鍾吾就在淮水北岸，隨時可以乘我空國遠征時入侵偷襲，或截斷

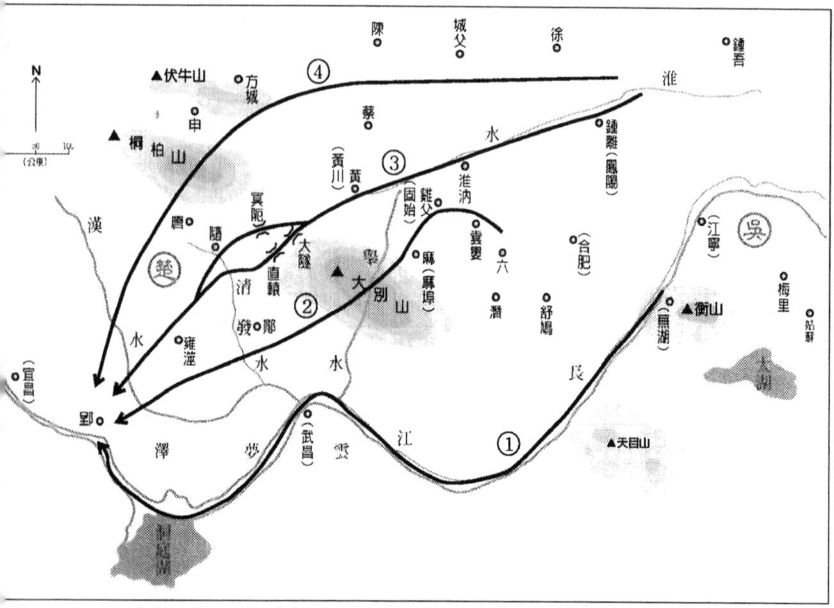

附圖三：吳楚地略形勢要圖暨吳伐楚四條參考路線

我軍退路及後勤補給線，對我軍戰略側翼甚為不利；且該二國容納逃亡公子掩餘及燭庸，隨時待機復仇，須儘早剷除以絕後患。越國是楚之同盟，有北上直驅吳都的危險，也是吳伐楚後方最大的顧慮，雖然擴建城池工事，但城池無論如何堅固並不不足以保證禦敵。再者豫章山(即大別山)以東尚有楚之屬國邊邑，如潛、六等，都是重要的戰略據點，應先奪取才能超越豫章山，進入楚境直驅郢城。軍事戰略與政略的各種相關問題，孫子及伍子胥都分別向闔閭做深入分析，長期戰略既然已經策訂，接著要決定目標奪取的優先順序。依據歷史事實發生的順序（若判定為吳王君臣共同議訂的順序應屬正確），伐楚之戰，目標奪取順序如下：

（一）先伐鍾吾、徐國。

（二）剷除掩餘、燭庸。

（三）奪取豫章山（大別山）以東戰略要點。

（四）伐越。

（五）越過豫章山入郢。

柒、孫子對作戰地區的地略簡報（附圖三）

吳王君臣即決心大舉伐楚，則對吳楚作戰地區內之地略形勢與接敵路線，均在事前研究瞭解之範圍。從現存史料中看出吳王與孫子有「十問十答」（含銀雀山古墓出簡一問（註十六），其中有九個問答是有關地形地略的討論。如其中一問有關「圮地」的問答：

吳王問孫子曰：吾入圮地，山川險阻，難從之道，行久卒勞，敵在吾前，而伏吾後，營居吾左，而守吾右，良車驍騎，要吾隘道，則如之何。

武曰：先進輕車，去軍十里，與敵相候，接期險阻，或分而左，或分而右，大將四觀，擇空而取，皆會中道，倦而乃止。（註十七）

這個問答即是針對吳楚作戰地區而發，要過大別山脈即山川險阻，江漢圮地。判斷這些問答應在召見孫子後，準備時期所進行的君臣對話，過了此一時期即將發動軍事作戰，孫子也必將利用戰備整備時期，深入研究（甚至現地參謀旅行）作戰地區的地略形勢與接敵路線，否則斷不可能盲目進行千里遠征作戰，更不合他自己在「十三篇」中所講的原理原則。孫子不但自己瞭解，也對闔閭、伍子胥及重要將領（各軍將軍、副將軍）簡報。

首先在地略形勢方面，本作戰地區東起海，西到荊山（今大巴山東側），東西直線約一千公里。北起陳、徐各小國，南至大江（長江），南北約五百公里，面積約五十萬平方公里。

地區內重要山脈有大別山、桐柏山、伏牛山、大洪山等，尤其大別山與桐柏山概為狉獉未開的森林，兩山之間有三隘口，即冥阨、直轅與大隧，所謂義陽三關是也。（見附圖三）（註十八）本地區僅有江（河南息縣）、黃（河南潢川）、隨（湖北隨縣）、唐（湖北唐城）各小國人民往來小徑，大軍出入困難。

本地區重要河川有大江、淮水、漢水、清發水與舉水，大江與淮水概成東西向，餘概成南北向，敵我兩軍各有利弊。但楚軍在西岸採守勢。則攻擊行動受阻。

本地區重要戰略要點，依序有徐、鍾吾、六、潛、舒鳩、雞父、義陽三關等，應列為優先奪取之目標，但郢城為最終之戰略目標。

再次為接敵路線，自吳都姑蘇到楚都郢城，由地略形勢上研究，接敵路線有四條：（附圖三）

第一路：用舟師溯大江西上，達於郢城。

第二路：從雲婁（安徽霍邱西南）——雞父（河南固始）——隘門關（安徽立煌與湖北麻城交界）——柏舉（湖北麻城）——鄖（湖北安陸）——渡漢水——郢。

第三路：溯淮水西上，經黃（河南潢川）——弦（河南光山）——義陽三關——渡漢水——郢。

第四路：由淮水北岸——陳蔡之間——攻取楚之方城（河南方城）——申、呂（河南南陽）——襄、樊——渡漢水——郢。（註十九）

這四條路線利弊分析如後：

第一條：以吳之水師溯江西進甚為便捷，但楚是陸軍大國，舟師雖能進入郢城，若不殲滅其陸軍主力，仍不可能佔領郢城，再者大江兩岸重山未闢，陸上無可通行之道路，水師只能用於奇襲，不能用於主力的決戰。

第二、三條：初期行經大別山東側，該地荊林密佈，山嶺崎嶇，群舒只能依賴山間小徑往來（今皖鄂交界之雁門關、松子關、銅鑼關、隘門關），大部隊運動困難，桐柏山與大別山之間的義陽三關，則「重險黽阸」，只有黃、隨、唐等各小國人民往來交通之用，難容大

軍進出，但若由輕步卒通行，則有「行無人之境，由不虞之道，攻其不備」，在戰術上有莫大之利。

第四條：路線最遠，而楚軍以逸待勞之便，且楚在方城、申、呂都置有重兵，長途行軍後再面臨「攻堅」，補給路線遙遠，對我軍甚為不利。

以上是孫子對作戰地區的簡報，大體而言吳楚兩國戰鬥行動最大地理障礙即「一山一水」——今之大別山與長江，大別山在當時還是原始森林，山高嶺峻，小道崎嶇險阻，楚國一向視之保護國境的天險，但楚國後來受弭兵會之限不能直接北進中原，打算東出淮泗，以間接北進中原，則大別山反成為難以突破的軍事障礙。

長江在當時也是狉獉未闢，無良好的陸路交通可供銜接，不能發揮車戰之利，但江流舟師航行方便，因此吳楚爭戰數十年來常有長江舟師之戰，惟江流險阨，沙洲、暗流甚多，不適合大部隊運動。「墨子」魯問篇論江中之戰說：

> 昔者楚人與越人舟戰於江，楚人順流而進，迎流而退。見利而進易，見不利而退難，越人迎流而進，順流而退，見利進，見不利則退也速，越人因此若執亟（甲也）敗楚人。（註二十）

這篇江中之戰說明大江的便捷，但無陸路相通，雖有利奇襲，仍受限於小規模作戰。故吳楚爭戰之後期，主要爭奪地區已轉到淮河流域，楚在方城、申、呂駐守重兵就是明證，清代胡林翼云：「吳楚之爭，由淮者多，由江者少。由於大江兩岸狉獉未闢，猶唐宋人之言辰沅也。」（註二一）這是指後期爭戰，吳軍的北路軍沿淮水西進，過義陽三關入郢城而言，四條路線中，最合乎「出其所不趨，趨其所不意；行千里而不勞者，行于無人之地」，（註二二）就是第二、三條接敵路線；這在吳國建軍整備時期，吳王、子胥與孫子可能已有共識，蓋吳王召見孫子時已讀過「十三篇」，並大加讚美，彼同意孫子對地略形勢的分析，及對接近路線的選擇應甚合理。

捌、結語

本文研究孫子到吳後，經與伍子胥訂交成知友，並推荐給吳王闔閭，而後成為負責執行伐楚之軍事行動的決定性人物，而在正式發起軍事行動之前，必有一段充份的「建軍備戰時期」。蓋他的兵法一向主張「勝兵先勝，而後求戰」、「多算勝，少算不勝」、「知彼知己，百戰不殆」的原則。

吳伐楚的戰備準備，從吳王闔閭取得政權，召見孫子之後便積極展開，此期間闔閭以伍

子胥為行人，伯嚭為太宰，孫武為客卿，繼又專授子胥以國政，君臣上下戮力同心，從事富國強兵之道，闔閭又親自牧鴨以為民倡。（註二三）故民勤物裕，國力不斷轉強，約三年半左右（到闔閭三年，前五一二年），戰備準備要項大致告一段落，君臣已在找尋發起軍事行動之契機。

◆註釋

註一：「四族之亂」的年代有二說，前五三二及前五四五年，本書採前者，四族之亂後田氏始大，田氏家族亦無奔吳記錄，更沒有奔吳的理由，故孫子何時、為何奔吳，至今是謎，尚待進一步考證。有關孫子身世可參考「史記」、「齊文化大觀」、「中國歷代戰爭史」第二冊、「孫子兵法思想體系精解」，本章註二三。

註二：徐瑜編，孫子兵法（台北：時報文化出版公司，七十六年元月十五日），頁五二。

註三：史記，伍子胥列傳，頁二一七四。

註四：同註二，頁五七。

註五：中國歷代戰爭史，第二冊（台北：黎明文化事業公司，六十九年四月修訂再版），頁三六。

註六：史記，孫子吳起列傳，頁二一六一～二一六二。「闔廬」在「越絕書」或「史記」中亦做「闔閭」，本書一律使用「闔閭」。

註　七：魏汝霖注，孫子今註今譯（台北：商務印書館，七十六年四月修訂三版），頁三～四。

註　八：吳王與孫子問答，原有九問九答，計為散地、輕地、爭地、交地、衢地、重地、圮地、圍地、死地。但民國六十一年四月，在山東臨沂銀雀山一座漢武帝初年的古墓中，發現一批有關孫子兵法的竹簡，另有一問，是關於「三家分晉」的問對討論，故吳王與孫子至今發現者為「十問十答」，參閱註七，頁二五二～二六二。

註　九：顧俊，春秋時期的步兵（台北：木鐸出版社，七十六年四月），第一章。

註　十：中國歷代戰爭史，第二冊，頁三四。

註十一：越絕書，台北：世界書局，五十一年十一月初版，頁二九，以下建城資料均參考越絕書。

註十二：同註十一，頁三四～三五。

註十三：同註十一，頁三〇。

註十四：中國歷代戰爭史，第一冊，頁三一七。

註十五：袁少谷註，左傳詳釋（台北：五洲出版社，六十年四月一日），頁七一一。

註十六：同註八。

註十七：楊家駱主編，孫子十家注、吳子（台北：世界書局，七十三年三月再版）頁五。

註十八：義陽三關，一曰平靖關，左傳之冥阨也；二曰武陽關，今稱大勝關，亦名澧山關，左傳之大隧也，在今信陽東南百五十里，地名大塞領；三曰黃峴關，今之武勝關，亦名百雁關，又稱九里關，左傳之直轅也，位信陽南九十里，以上三關都在平漢鐵路附近，豫鄂兩省交界處。詳見中國歷代戰爭史，第二冊，頁三八～四三。

註十九：同註十八，頁三九。

註二十：李漁叔註，墨子今註今譯（台北：台灣商務印書館，六十三年五月），頁三八八。

註二一：中國歷代戰爭史，第二冊，頁七。

註二二：同註七，「虛實篇」，頁一二五。

註二三：同註二一，頁三四～三五，另有關孫子生平，古今所知者多不明確。據唐代研究孫子的專家肖吉所記述，孫子於周靈王十五年（齊靈公廿五年，前五五七年），生於山東古萊石閭山（今山東泰安、萊蕪之間），出生時掌內有紋像篆寫的「武」字，便取名孫武。父敬仲，母親是齊國南史氏的女兒。孫子三歲喪父，六歲喪母，從小由外祖父南史氏帶往南史館中生活長大。當時的南史館等於今天的中央圖書館兼國史館，孫子就在這充滿典章文物的地方度過童年及少年時代。十四歲時，吳國季札到館參現，曾代答問題。後來從軍入伍，隨齊景公到過晉、燕等國，在今熱河、遼北地區與山戎打過三年仗後退役回鄉。孫子為研究太公，周公之學，到周室參觀史館，當時周史館館長稱「守藏室史」，正是我們所稱「老子」的李耳。孫子見吳王闔閭之年已是四十六歲。以上孫子生平，詳見王建東著，孫子兵法思想體系精解（台北：文岡圖書公司，六十八年三月再版），頁五～七。有關孫子生平的直接佐證史料，應再考證研究確定之。

另據最近大陸蘇州市「孫子研究會」，發表「孫世宗譜世系源流」，從江西省寧都縣的「寧都孫氏族譜」、「新唐書、宰相世系」等譜書的記載，逐系尋根的發現，國父孫中山先生正好是孫子的第七十代子孫。（中央日報，民國八十五年十月三十一日）

【第三章◆】

初期緒戰經過

壹、前言

吳國經三年多的戰備準備，各項準備工作大致就緒，開始按長期戰略計畫所訂目標奪取優先順序，發起軍事行動，自闔閭三年（前五一二年）十二月開始，伐鍾吾、徐、潛、六、夷、養、越，奪取大別山以東戰略要點，初期緒戰階段約四年時間，到闔閭七年（前五〇八年）年底為止。

貳、孫子率軍北伐

一、戰前一般狀況：

徐國於伯益後封為「子」爵位，位濉水北側，鍾吾亦「子」爵位之小國，位於沭水與峒峿山之間（如附圖四）（註一）

當吳王僚十二年（前五一五年）時，公子光發動政變弒僚，公子燭庸與掩餘正在潛與楚作戰中。

聞國內政變成功，燭庸乃逃鍾吾，掩餘逃徐。二公子隨時待機復國，楚昭王又大封田產給二位公子以安定其居，並用以牽制吳國，故「左傳」上說：「二公子奔楚，楚子大封其徙。」（註二）故二公子實為闔閭頭號敵人，早想要除之以絕後患。

二、作戰經過（附圖四）

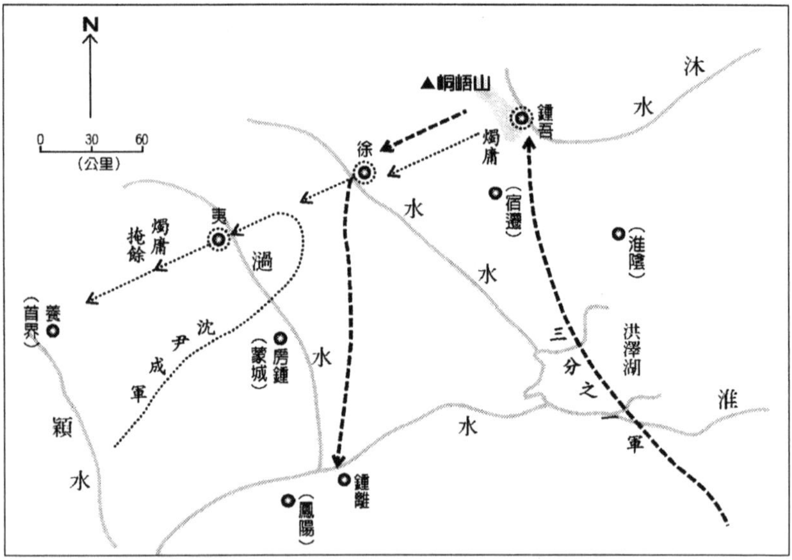

附圖四：鍾吾、徐國地區吳軍北伐作戰要圖
吳闔閭三年（前五一二年）十二月

吳闔閭三年（楚昭王四年，周敬王八年，西元前五一二年）十二月，一代兵學大師孫武親率吳國三分之一兵力。即一個軍，約一萬一千二百人（概同現今一個加強重裝步兵師之兵力），從國境內出發，經今之洪澤湖、江蘇宿遷等地，先伐鍾吾國，未幾滅鍾吾，俘獲國王鍾吾子。惟吳亡命公子燭庸逃往徐國。

孫子再轉移兵力向西伐徐國，對徐城孫子並未採取直接強攻城池的辦法，而是採取壅遏山水灌入徐城，才滅了徐國。此時楚左司馬沈尹戌援軍已到，徐子章禹及燭庸、掩餘等，才有機會逃夷與養（首界）。這段經過在「左傳」上有如下記載：

吳子怒，冬十二月，吳子執鍾吾子，遂伐徐，防山以水之。己卯，滅徐，徐子章禹斷其髮，攜其夫人，以逆吳子。吳子唁而送之，使其邇臣從之，遂奔楚，楚沈尹戌帥師救徐，弗及，遂城夷，使徐子處之。（註三）

當孫子率軍破鍾吾與徐兩國時，吳之亡命公子燭庸與掩餘奔楚，楚昭王亦派官員迎接安頓在吳楚邊界上，以牽制吳國。「左傳」亦曰：

使監馬尹大心逆吳公子，使居養，莠尹然左司馬沈尹戌城之，取於城父與胡田以與

之，將以害吳也。（註四）

把燭庸、掩餘二人安頓在養邑，對吳國是否有牽制作用或不利因素，在當時楚國君臣亦有不同爭論，楚大夫子西建議楚昭王，二公子乃吳王僚母弟，闔閭之仇人也，樹之吳楚境上以為害吳，其實對吳國反而有挑釁作用，頗多不利，楚王沒接受子西的意見。

三、戰後小結：

（一）在吳軍方面：孫子此次親率吳軍三分之一兵力伐鍾吾與徐國，就作戰目標而言確已奪取——即鍾吾與徐國；可惜未能消滅兩個重要有生力量——即燭庸與掩餘。但此次戰役有重大意義，孫子的戰場實戰能力深得闔閭信心，闔閭想直接伐楚，但孫子與伍子胥都認為要按原戰略計畫，「若為三師以肄焉，一師至，彼必皆出。彼出則歸，彼歸則出，楚必道敝。亟肄以罷之。多方以誤之。」（註五）闔閭採納孫子和伍子胥的意見，持續對楚進行「長期消耗戰」。乃於次年（闔閭四年）年初班師回國。

（二）在楚軍方面：初楚聞吳軍伐鍾吾與徐國，左司馬沈尹戌奉楚昭王命率軍來救，可惜援救不及，與徐君章禹相遇途中（附圖四）。急欲揮軍與吳軍戰，惜吳軍已歸，在此次楚軍出師最大的困擾，是無法明確掌握吳軍動向，即「情報失靈，目標不明」。最後將徐君及其族人安頓在夷（今安徽省亳縣東南），築城固守。又將燭庸與掩餘安頓在養邑（今安徽太和縣西），都吳楚邊界上，企圖以牽制吳軍，但此舉顯然更成為吳國「志在必取，勢在必得」之目標。

參、吳軍伐夷、灊、六、弦、養

一、戰前一般狀況

吳軍奪取鍾吾及徐國兩個目標後，楚沈尹戌軍已到，吳軍不與楚軍正面決戰，乃於次年（闔閭四年）年初班師回國。這是吳軍戰略計畫的一部份，撤軍只是一項欺敵措施，實際上闔閭君臣正在準備另一個軍事行動——伐夷、灊、六、弦、養。這些都是楚國在大別山東側及淮水南北的重要邊邑，是牽制吳國的戰略據點。

而此時（吳軍撤退後），楚左司馬沈尹戌正忙著築夷、養兩城，以安置徐國族人和吳國二公子，並完成若干據點工事及兵力佈署，這段時間約花了半年，沈尹戌亦率軍歸國。

二、作戰經過（附圖五）

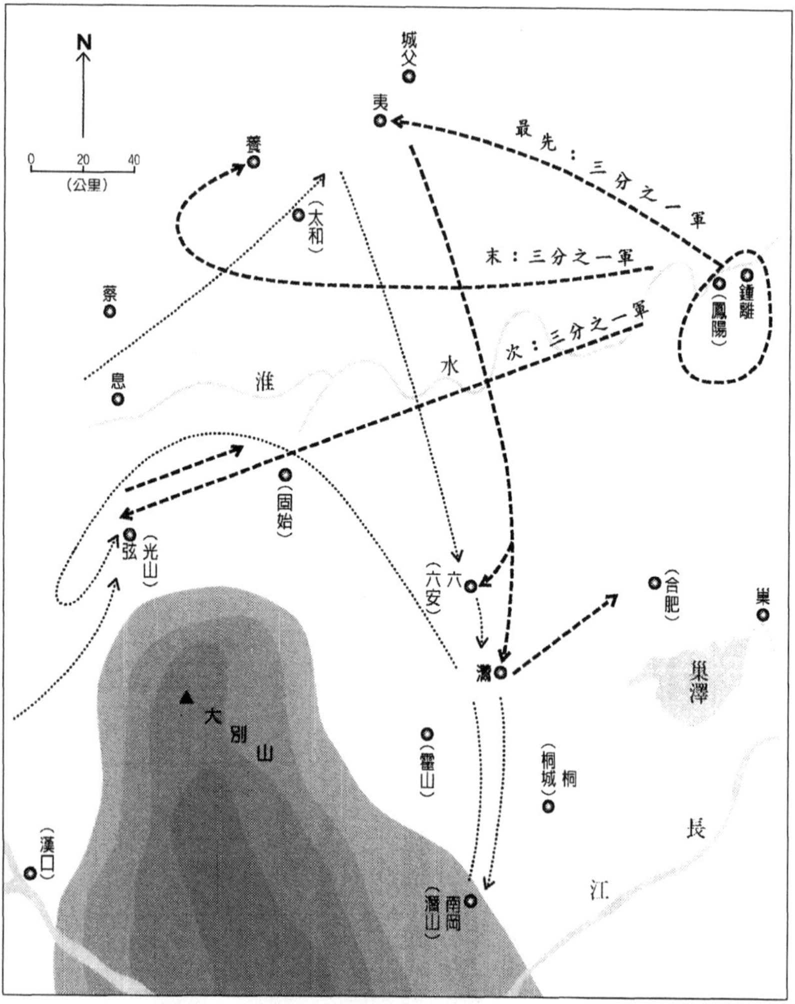

附圖五：吳楚夷、潛等地區作戰要圖
吳闔閭四年（楚昭王五年，前511年）秋

當楚軍一退，吳軍又出。初期吳軍已先在鍾離週邊地區集結（即今安徽鳳陽以東及淮河南北兩岸地區）。

闔閭四年（楚昭王五年、前五一一年）秋，吳軍先以一部伐夷，楚軍出兵救夷，吳軍避開楚軍，移師向南伐楚之灊（安徽霍山之別稱）及六（今安徽六安縣）兩要邑。最初楚沈尹戌軍先救夷不及，立即回師向南救灊和六。又救不及，吳軍已向東逸去。因灊城殘破，沈尹戌乃遷邑於南岡（今安徽灊山縣治），築城而還。

當沈尹戌軍退，吳軍第二部即出，踵楚軍之後西進，圍攻楚之弦邑（今河南光山縣）。楚沈尹戌軍及右司馬稽軍再率軍救弦，援救不及，吳軍又先逸去。楚人探知吳軍確已返國，乃自退軍。但吳軍所退去者為當面之一部，其第三部份兵力已準備出發。

楚軍退去，吳之另三分之一軍已先復出，進圍養邑，楚軍不及營救，吳軍已攻克養邑，誅殺燭庸及掩餘。由於吳軍作戰順利，吳王闔閭又興起直接伐楚入郢城的念頭，問計於孫子，當時孫子肯定的回答：

民勞，未可，且待之。（註六）

闔閭接受將軍孫武建議，於本階段戰略目標奪取及誅殺二公子後，吳師即還。至此大別

山（古稱豫章山）東側已大部納入吳國勢力範圍。

三、戰後小結

本階段作戰楚軍由左司馬沈尹戌主戰，吳軍由將軍孫武主戰，吳國總兵力為三萬三千六百人，惟並未同時全軍出陣，而是採三分之一兵力，區分三批輪番出戰。楚在當時為大國，出戰兵力應在吳軍之上。以下數點為本階段作戰期間，雙方優缺：

（一）楚軍最大困擾是完全不能掌握目標，在作戰地區內，北起夷，南到霍山；東起鍾離，西至弦邑（見附圖五），吳軍行動飄忽，楚軍行蹤完全受吳軍掌握。即楚軍完全被迫追隨吳軍意志，此在戰略、戰術上最大敗筆，亦顯示戰場指揮官（孫武和沈尹戌）智慧與能力之高下，立即可見。

（二）在整個作戰地區內，約九萬平方公里面積中孫子不斷運用若干大膽的戰略作為，如遠程挺進、大膽迂迴、欺敵等，尤其把吳軍區分三部，輪番出擊，時空因素掌握確實，這些都賴精確的指揮、連絡與情報工作得以完成之。準此而言，與孫子自己在兵法「謀攻」、「虛實」、「用間」等篇的境界，已經名實符合。

（三）本階段作戰雖然順利，但孫子並不同意直接伐楚入郢。除了孫子向闔閭當面所報「民勞，未可，且待之。」連年征戰，軍民須要休養。另外還有其他理由，淮河流域與大別山東側還有部份小國尚未臣服，而最大的「後顧之憂」是新興的越國，始終與楚國接近，對吳國不友好。此應為孫子最大之顧慮。

肆、吳伐越

關於吳越爭戰，按「史記」越王勾踐世家說，「越王勾踐，其先禹之苗裔，而夏后帝少康之庶子也。封於會稽……後二十餘世，至於允常，允常之時，與吳王闔閭戰而相怨伐。」（註七）這一段歷史講的就是闔閭五年（前五一〇年）吳伐越的戰事，說明吳越爭戰是從越王允常開始的，若按「春秋公羊傳」記載則更早，魯昭公五年（前五三七年）冬十月，楚靈芉●圍，會陳、蔡、許、頓、沈、徐、越等八國聯軍攻吳，敗吳軍於鳩岸（今安徽銅陵）及坻箕山（今安徽巢縣）。（註八）實則吳越相怨伐，還是根源於春秋時代的國防政策「尊王攘夷」。梁任公在「春秋載記」上明確的說：

> 晉患楚，故通吳以制楚。楚患吳，故通越以制吳。……昭五年冬楚子以諸侯及東夷伐吳，越大夫常壽過帥師會楚於瑣，是爲吳越交兵之始，越從楚之後也。昭二十四年，楚舟師之役，越又從焉。昭三十二夏，吳伐越，吳漸感越之爲患也。（註九）

故吳越之戰，原是楚人「患吳」，必須「通越制吳」所造成的結果，這是楚國運用遠交近攻策略的自然發展，只是以往為越追隨楚攻吳，而這次是吳國採主動，故有伐越之戰。

一、戰前一般狀況

當鍾吾、徐、夷、灊、六、弦、養等要域，相繼被吳國佔領。楚國開始感受到迫切的危機感，就在吳軍誅殺燭庸與掩餘後第二年（楚昭王六年、吳闔閭五年，前五一〇年）開始有南聯越國的積極行動，謀以越制吳，或楚越共伐吳。

而就在這一年（闔閭五年），伍子胥遣人力勸楚國宛令文種投奔吳國，文種不願，又不願居楚，乃求教於范蠡，這位精通「七策之術」的計然弟子分析說：

> 子胥負冤莫伸，因以挾弓矢干吳王，於是要君入吳，馮同相與，時共戒之，且君子違時，不入讎邦，忌反攻其故國也……越與吳相鄰，同風共俗，霸業創立，非吳即越，君如去越，蠡願隨供犬馬之役。（註十）

文種、范蠡乃相偕到越，越王允常重用二人，一切計謀咸聽從之。（註十一）伍子胥召勸文種未得，反使該二人效命於越國，對吳國當然不利，吳王君臣對楚之聯越，及文種與范蠡赴越，必然感到很大的壓迫，伐越之戰乃成為勢在必行了。

二、作戰經過

這場吳伐越之戰，發生在闔閭五年夏天，有關作戰經過，雙方兵力及主兵人員，史書均記載不詳，「史記」吳太伯世家僅記「五年，伐越，敗之」六個字。（註十二）在「吳越春秋」有如下之言：

> 五年吳王以越不從伐楚，南伐越，越王允常曰：吳不信前日之盟，棄貢賜之國，而滅其交親，闔閭不然其言，遂伐，破檇里。（註十三）

可見吳國曾經要越國隨從伐楚，定是未被越國所接受，又重用楚之范蠡、文種，或楚與越之間已建立合作管道，而吳國已感受到越之敵意與威脅。才有闔閭五年夏天伐越之舉，吳越兩軍大戰於檇里（今江蘇嘉興縣南），按「吳越春秋」所記，吳越在此之前僅限邊界「小爭」，自此次大規模作戰後，大體上越臣服於吳國。

三、戰後小結

吳王自伐越還師，雖戰勝而使越國臣服，但深感越人終將成為吳國之後患，乃令伍子胥增建城池。原先早在闔閭元年（前五一四年）政權初建時，已建有闔閭大城和子胥子城，按顧祖禹「讀史方輿紀要」所注，子城在大城之內，子城之內又有小城，為吳王所居；子胥居子城，子城之外為一般官員所居。（註十四）此次伐越歸來，因深恐越人襲擊國都，再將城外暴露居民，築城以防衛之。

伍、吳楚豫章山之役

吳自伐越回來，約有一年多的時間大體上保持休養生息狀態。（註十五）直到闔閭七年（前五〇八年）夏天，吳國君臣見時機成熟，乃再發起軍事行動。

一、戰前一般狀況

吳國進一步繼續施行多方誤敵之謀略，便對楚國放出假情報，這年夏天先誘使桐國（今安徽桐城，時為楚之屬國）叛楚，為吸引楚軍必來討伐桐國，再使舒鳩（今安徽舒城，原舒鳩國，西元前五四八年滅於楚）人密告楚軍，言吳誘桐叛楚，又恐楚來討伐，故以吳兵駐守桐國，但兵力不大，可用奇襲而奪回桐國。

吳施放的假情報中，包含楚軍應如何出師的兵力運用，舒鳩人密告楚軍，楚若想利用這個機會伐吳，應先用水師沿江（指長江）而下，吳軍必集中舟師迎戰於江中，另外以強大的陸軍自豫章山（即大別山）之北側，突擊舒鳩，進襲桐城。最後水陸兩軍合擊吳軍，乘吳軍兵力分散之際，一舉擊敗吳軍。此實即吳之謀略戰，目的在使楚軍對當前情勢做錯誤之判斷。

二、作戰經過（附圖六）（註十六）

當吳國透過舒鳩、桐國放出假訊息後，楚令尹囊瓦信以為真，且認為合理可行，是年（楚昭王八年，吳闔閭七年）秋，囊瓦先令公子繁率陸軍從六（六安）奇襲舒鳩，並企圖進擊桐國。囊瓦另率水軍沿長江而下，果然見有吳舟師溯江而上，頗以為得計，不知吳軍舟師多係空舟，此即孫子「空船計」。

此時，吳國陸軍早已埋伏在舒鳩，當公子繁所率陸軍到舒鳩，反被吳伏兵奇襲，進退兩難之際，公子繁乃逃奔巢邑（今安徽巢縣，時公子繁為楚守巢邑之大夫），此際囊瓦並不知楚之陸軍戰敗情形。尚在期待公子繁來會師以合擊吳軍。

十月，吳軍以桐人之舟為欺敵措施，截擊囊瓦水師於江上（見附圖六），囊瓦猶以為公子繁已獲勝而來會師，完全處於無備之狀態，待近距離方知吳軍，但已被吳軍包圍，倉猝應戰，大敗而歸，楚軍戰船儘被吳軍所奪，遂回師改走陸路，再圍攻巢邑，獲公子繁而歸，此即吳楚豫章山（今大別山）之役，「左傳」如下記載：

> 桐叛楚，吳子使舒鳩氏誘楚人，曰：「以師臨我，我伐桐，爲我使之無忌。」秋，楚囊瓦伐吳，師于豫章，吳人見舟于豫章，而潛師于巢。冬十月，吳軍

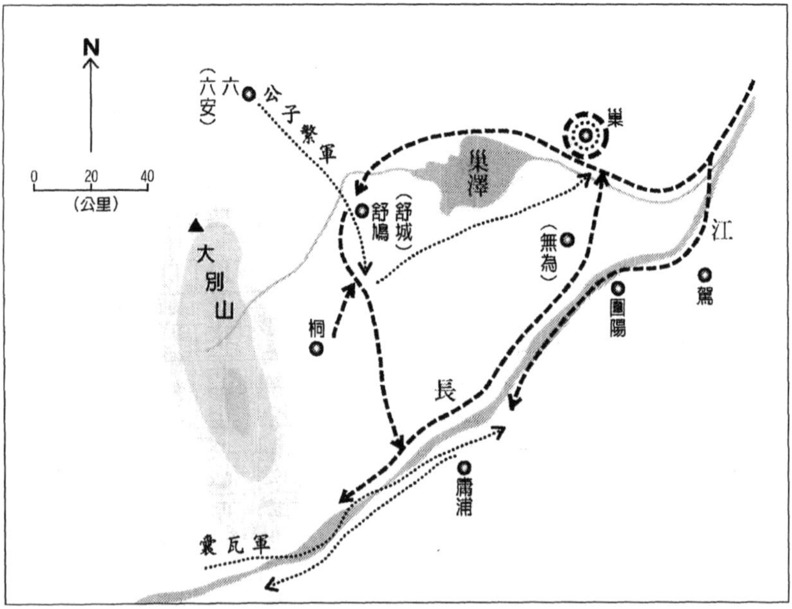

附圖六：吳楚豫章山（大別山）之役
吳闔閭七年（楚昭王八年，前508年）秋

楚師于豫章，敗之。遂圍巢，克之，獲楚公子繁。（註十七）

桐、舒鳩都是偃姓小國，在當時都還是楚之附庸，因見吳國愈壯，楚國政治混亂，轉而依附吳國以求保護。

三、戰後小結

豫章山之役是吳楚爭戰以來，兩國形勢倒轉的關鍵之戰，從原來楚軍佔盡優勢的地位，變成吳國有利，而楚國不利，分述如後：

（一）經此一戰後，大別山以東、淮河一帶楚之附庸國，重要邊邑戰略據點，全為吳國所有，且豫章一帶是進出大別山之孔道，等於是打通了進入楚境的交通線，吳國遠征用兵之形勢已明顯有利。

（二）豫章之役吳軍除殲滅囊瓦軍大部有生力量，楚軍戰船亦大多被吳軍所獲。吳軍戰力因而強大，楚之水師也難在短期間內重建。

（三）檢討豫章之役兩軍戰略運用，楚軍係以「外線作戰」，企圖從南北兩側，用水陸兩軍合擊吳軍，殲敵於大別山東側之桐與舒鳩一帶。可惜未能先敵展開，迅速由戰略包圍形成戰術包圍；南北兩兵團（囊瓦與公子繁）不能相互連繫，形同分割，此亦犯了外線作戰之大

忌。在吳軍方面係採「內線作戰」，利用謀略先確保敵之分離狀態，集中優勢兵力擊滅某一方面之敵（楚公子繁），再迅速轉移兵力擊滅另一方面之敵（囊瓦軍）。孫子對內線作戰的原理原則運用的精準而出神入化，兩千多年後的今天，亦叫人佩服他戰略指導與指揮掌握的高明。（註十八）

（四）綜合吳楚兵力之增減，戰具（戰船）多寡，戰略要點之轉移，各小國及東夷部落之臣服吳國，就是整個戰略態勢之轉變。吳軍只要越過桐柏山、大別山，就可深入楚境，吳王君臣經營的伐楚入郢城，孫子的伐楚戰略計畫，經豫章山一役終於有了大轉機。

陸、結語

本章研究吳伐楚入郢前的一段緒戰經過，並分析吳楚兩軍在本階段作戰用兵之優缺正誤，對以後決戰之影響，再贅數點為結語：

一、「三分疲楚」之策略奏功：此一策略運用最明顯的表現在吳軍伐夷、六、灊、弦、養等地之作戰，而此次作戰的精神便是「機動作戰」。看吳軍在作戰地區內（附圖五），機動靈活，兵力迅速分合轉移。楚軍完全處於被打、被動、追隨之狀態，楚軍實疲於奔命。

二、伐越之戰的存疑：按吳王即重用孫子，故孫子所言吳王闔閭多能接納（郢城決戰前如是），例如在伐鍾吾、徐國後，及攻克養邑，誅殺燭庸與掩餘後，闔閭見連戰皆勝，都提議要直接伐楚入郢，孫子分析時機未到，吳王才作罷。但伐越之戰，卻未見孫子或伍子胥有同意或反對的意見，蓋越國之土地、人口、兵力完全不同於鍾吾等小國，在當時孫子應能預知。若按「孫子兵法」精神之判斷，對越國應以政治結納或妥協，較武力攻伐臣服為「可靠」些，可能當時孫子有建議，或對吳王分析伐越之可行性與利弊關係，只是歷史沒有記載。（作者認為此乃合理之假設與判斷）。

三、初期緒戰最大戰果：四年緒戰，使北到淮河以北的沭水，南到長江，西到大別與桐柏之線，此一廣大領域完全納入吳國之勢力範圍。

◆註釋

註　一：附圖四參考中國歷代戰爭史，第二冊，附圖二—四〇之一繪成。

註　二：袁少谷，左傳詳釋（台北，五洲出版社，六十年四月一日），頁七一〇。

註　三：同註二，頁七一一。

註　四：同註二，頁七一〇。

註　五：同註三。

註　六：司馬遷，史記（台北：宏業書局，七十九年十月十五日再版），頁二一七五。

註　七：同註六，頁一七三九。

註　八：李宗桐，春秋公羊傳今註今譯，下冊（台北：商務印書館，六十二年五月初版）頁五〇八。

註　九：轉引任映滄，歷代中興復國史述要（台北：正中書局，五十年四月台初版），頁一三五。

註　十：漢、袁康、吳平撰，今人楊家駱主編，越絕書（台北：世界書局，五十一年十一月初版），第七卷，另見中國歷代戰爭史，第二冊（台北：黎明文化公司，六十九年四月修訂再版），頁五六。

註十一：按「史記」卷四十一正義會稽典錄，范蠡、文種都是當時楚國的賢俊之士。范蠡，字少伯，楚之宛邑三戶里人（今安徽宣城），幼孤，從兄嫂居，學於濮上（今河北濮陽）辛文子（即計然），精七策之術，傲俗佯狂。文種，字子禽，楚之宛令（官名），聞知范蠡為計然之弟子，親往拜謁，相談如故。二人赴越的年代以楚昭王六年（前五一〇年）這年較為正確，關於二人相偕赴越的原因，歷來有二說，一說不滿楚國政治腐敗，又不願到吳國以助反攻故國，只得去越國。一說楚國派往越國負責執行「聯越制吳」的情報人員。作者以為，勿論那一種原因，對吳國的「殺傷力」其實都相同。另見「越絕書」，第七卷；「中國歷代戰爭史」，第二冊，頁五五～五六；張其昀，中華五千年史，第三冊（台北：中國文化研究所，五十一年四月初版），頁九六～一〇〇。

註十二：同註六，頁一四六六。

註十三：趙曄撰，徐天祐注，吳越春秋（台北：商務印書館，六十七年十月臺一版），卷二，闔閭內傳，頁六二～六三。

註十四：同註一，頁四三。

註十五：按「史記」吳太伯世家所記，闔閭六年（前五〇九年）楚令尹囊瓦伐吳。惟其他史料欠缺，未知其詳，見註六，頁一四六六。

註十六：同註一，附圖二—四〇之二繪成。

註十七：同註二，頁七一九。

註十八：所謂「內線作戰」與「外線作戰」都是現代名詞，在孫子兵法九地篇，稱「主」就是內線作戰，為主之道在使敵「前後不相及，眾寡不相恃，貴賤不相救，上下不相收，卒離而不集」。稱「客」就是外線作戰，為客之道在「用兵如率然，率然者，常山之蛇也，擊其首，則尾至，擊其尾，則首至，擊其中，則首尾至……其相救如左右手。」故內線作戰之要訣，在乘敵分離，各個擊破之。外線作戰之要訣，在分進合擊，防被敵各個擊破。

入郢作戰之時機、決心及作戰計畫

壹、前言

吳國自對楚展開緒戰以來，豫章山之役後吳除確保既有優勢外，大體上軍民再度保持修養生息及備戰狀態。吳王君臣一面觀察天下大勢，此時北方的鄭、齊諸國積極擴張領土，連續侵吞周畿要邑，周天子無力阻止。晉國內亂，政權分操六卿之手，相互火拼，孫子也向闔閭分析晉國未來大勢，認為晉之范、中行、智三卿遲早將亡，也無力領導中原諸侯。（註一）這就是說中原各大國可能都無力或無意，出面領導以制服楚國的擴張政策，也不能顧及中國東南地區之事務，這時侯吳國應有機會。本章在討論吳國觀察天下大勢後，把握到大舉伐楚入郢決戰的時機、決心及作戰計畫，進行深入研究。

貳、伐楚時機的展現

當時展現出伐楚有利時機，有國際局勢對吳國有利、楚令尹囊瓦貪求無度遭致唐、蔡各國號召伐楚及「召陵之會」無功等方面。

一、國際局勢展現有利時機

齊國自齊桓公霸業衰落後，國勢不振，此時僅能拉攏其東方若干小國（如紀、杞、萊、夷），自成東方集團，並與鄭國聯合侵吞周天子的土地，早已喪失中原諸侯的領導地位，對中國南方已不具影響力。

在當時國際上還有一點影響力的是晉國，惟此時六卿相爭，日愈嚴重，晉大夫趙鞅、荀寅私鑄刑鼎，孔子責之曰：「晉將亡矣，民將尊重鼎，而不尊重權貴，權貴將何仗恃，貴賤不再有秩序，何以立國。」蔡墨亦責之曰：「范氏、中行氏將亡矣，擅作刑鼎以為國法，是故意鼓勵奸邪。」（註二）關於晉國當時之政局與未來發展，吳王闔閭與孫子有一段精彩對話，就是孫子觀察分析，晉國之衰落，正是帶給吳國的機會：

吳王問孫子曰：「六將軍分守晉國之地，孰先亡？孰固成？」孫子曰：「范，中行氏先亡。」「孰為之次？」「智氏為次。」「孰為之次？」「韓、魏為次，趙勿失其故法，晉國歸焉。」

吳王曰：「其説可得聞乎？」孫子曰：「可，范，中行氏制田，以八十步為畹，以百六十步為畝，而伍稅之，其制田狹，置士多，伍稅之，公家富；公家富，置士多，主驕臣奢，冀功數戰，故先亡。（註三）

孫子從「稅重、公家富，養兵多，主驕臣奢」的程度，預測晉國六將軍（即六卿）中的范、中行、智三氏將次第滅亡，果真於吳王與孫子對話後約十年間實現，這段對話並不確定是在伐楚入郢前一兩年內的交談，但孫子對當時國際局勢及晉國政局發展，應有長期深入的觀察，才能把握有利時機。

二、楚囊瓦無故軟禁蔡、唐國君致各國反感

事見「左傳」魯定公三年（吳闔閭八年、楚昭王九年，前五〇七年）記載。（註四）蔡昭侯有佩與裘各一雙，都是當代珍寶，隨身攜帶赴楚朝覲。呈獻一佩一裘給楚昭王，昭王帶在身上以示尊重及感謝之意。楚令尹囊瓦知道也想要，蔡侯不給，囊瓦借故拘留蔡侯三年。

唐成公也朝楚，身邊隨行有兩匹「肅爽」寶馬，囊瓦見了也想要，唐成公不給，也被拘

留三年。蔡、唐二君都早在三年前（即前五〇九年）朝楚後就被長期拘留，不准歸國。唐成公的臣子認為國君因馬留楚不值得，藉機偷馬給囊瓦，換取唐成公歸國。蔡侯的隨行官員也比照獻佩給囊瓦，而囊瓦卻說：「蔡侯留楚，是因為找不到適當的回禮，明天若仍不能備好禮品，有關負責人都處死刑。」

蔡侯終於踏上歸途，當他走到漢水時對著江水發誓：「我若再來朝楚，就如江水一去不歸。」蔡侯回國後，先到晉國，並以他的兒子元和大夫的兒子做人質，奔走各國游說共同發起伐楚之戰。此事吳國君臣完全知悉，故吳王闔閭針對眼前大勢問如何伐楚才能成功時，孫子與伍子胥一致回答：

> 囊瓦者，貪而多過於諸侯，唐蔡怨之……而請伐楚，故曰得唐蔡而可伐楚。（註五）

三、「召陵之會」未果

楚囊瓦貪得無厭拘留唐、蔡國君之事，晉定公向周天子報告，周敬王十四年（前五〇六年）春三月，劉文公（周天子之卿）召集十八國諸侯為「召陵之會」（河南郾城），共謀伐楚。（註六）據「春秋公羊傳」記載：

三月，公會劉子、晉侯、宋公、蔡侯、衛侯、陳子、鄭伯、許男、曹伯、莒子、邾婁子、頓子、胡子、滕子、薛伯、杞伯、小邾婁子、齊國夏于召陵侵楚。（註七）

此次召陵之會，雖是由周天子之卿劉文公負責名義上的召集，但實質上左右會議進行的是晉定公，與會的十八國中，陳、頓、胡、許四國都是楚之屬國，此時亦叛楚，參加伐楚之會的陣營。顯示楚國在當時國際上甚為孤立，而十八國能會於召陵，亦為春秋霸業以來前所未有的陣容，可見召陵之會議若能團結伐楚應大有可為。可惜晉國此時的領導階層分裂（指六卿之爭），主事的趙士鞅又優柔寡斷，開會「議而無決」，各國終致罷兵而歸，晉國為此自圓其說曰：

> 國家方危，諸侯方貳，將以襲敵，不亦難乎。水潦方降，疾瘧方起，中山不服，棄盟取怨，無損於楚，而失中山，不如辭蔡侯。吾自方城以來，楚未可以得志，祇取勤焉。（註八）

「中山」，即鮮虞人，姬姓，白狄別種，在今河北定縣，因上年（前五〇七）秋九月，鮮

虞人敗晉師，故「中山不服」。召陵之會未果，晉國的領袖地位亦告結束，各國對晉皆生背離之心，後世史家研究認為晉國不能團結諸侯，救蔡伐楚，徒將戰機讓吳，才有數月後吳伐楚入郢城之戰。

四、楚伐蔡，蔡求救於吳

召陵之會後才一個月，蔡國因不滿沈國（今河南沈丘）不參加召陵之會，於夏四月庚辰這天，蔡大夫公孫歸姓率軍滅了沈國，將沈子嘉俘而殺之。到七月時楚軍包圍蔡國，楚之痛恨蔡國，因其號召伐楚，又滅沈國，殺害沈君，不能接受與容忍。

蔡侯見晉國已不可靠，且六卿相爭日烈，無餘力在國際上主持正義。且晉之荀寅不久前向蔡侯索賄，蔡侯嚴詞拒絕，雙方關係惡劣。而當初出面召集「召陵之會」的周天子大夫劉文公，七月間才剛過世，周天子亦受齊、鄭等國侵凌，自身難保。（註九）蔡侯放眼天下各國，能夠抗楚救蔡的似乎只有吳國了，乃遣使向吳王闔閭求援，並願意以次子乾為質。

參、吳王下達伐楚決心

對重大事務之決策過程，通常「決心」下達要求簡單明確，先期計畫才要求周延彈性，此古今皆然。當吳王闔閭接獲蔡侯求援，首先召孫子、伍子胥商議，問「當初你們說還不能伐楚，現在如何？」子胥先說：

> 蔡非有罪也，楚人爲無道，君如有憂中國之心，則若時可矣，曰：「事君猶事父也，此其爲可以復讎奈何？」曰：「父不受誅，子復讎可也。父受誅，子復讎，推刃之道也，復讎不除害，朋友相衛，而不相迿，古之道也。」（註十）

按伍子胥之言，中原諸侯已無可主持國際正義者，若對中國尚存憂患關心，則伐楚救蔡是吳國「當仁不讓」的責任，就子胥個人而言，他解釋子報父仇的合理性，吳王對子胥的解釋建議甚表贊同。孫子則再向吳王說明當前吳楚兩國情勢外，並向吳王建議「得唐蔡而可伐楚」。（註十一）按孫子之意，吳應聯合唐、蔡兩國軍力，大舉伐楚必有勝算。吳王綜合各方意見，終於下達決心，「吳越春秋」有如下記載：

> 吳王於是使使，謂唐蔡曰，楚爲無道，虐殺忠良，侵食諸侯，困辱二君，寡人欲舉兵伐楚，願二君有謀，唐侯（左傳作蔡侯）使其子乾爲質於吳，三國合謀伐楚。（註十二）

吳王終於派使者通知唐、蔡兩國，儘早動員所有可用兵力，準備大舉伐楚之戰，並解救被楚軍包圍的蔡國。下達這個決心的時間應是闔閭九年（前五〇六年）八月下旬到九月間的事，距離要請孫子主持建軍伐楚（闔閭三年），已有六年多的時間。

肆、吳、楚兩軍作戰計畫

吳楚大戰以吳為主動，楚為被動。加以吳國有伍子胥負責政治戰略規劃，孫子負責軍事戰略規劃，二人之能力與企圖都是春秋時代之俊傑，當楚平王七年（前五二二年）伍子胥奔吳，他父親伍奢就嘆曰：「楚國君臣沒有好日子可過了。」而孫子更是「決勝千里」之將。故吳國伐楚有其長遠而完整的戰略指導，對大舉入郢決戰也有週密的作戰計畫。楚軍因處被動，並無完整之作戰計畫，情報不靈，經常處於被迫應戰局面。

本段研究作戰計畫，包含吳、楚兩軍之主帥與將領、兵力、路線、作戰構想等項目。

一、主帥與將領

「柏舉之役」（註十三）吳楚兩軍主帥與將領，其於作戰之職務，吳國均事先商議，較有計畫與準備。楚軍主帥或將領則常是臨時派遣，或戰場受命，列表如下：（註十四）

附表二：吳楚兩軍重要將帥

吳軍（含唐蔡）		
姓名	職務	背景
吳光	統帥	吳王
孫武	主將	客卿
伍子胥	參謀長	行人，與謀國事
伯嚭	副將	大宰
夫概	從征	吳王弟
吳山	先鋒	闔閭子
吳波	留守	闔閭子
蔡申		蔡第二十一君，蔡侯
唐成公		唐惠侯之後
楚軍		
姓名	職務	背景
囊瓦	主帥	令尹
沈尹戌	北路軍指揮	左司馬
薳射	大將	楚大夫
薳延	將軍	薳射子
武城黑	將軍	武城守將
史皇	將軍	楚大夫
吳句卑	部將	沈尹戌軍部將
鬥巢	將軍	麥城守將
宋木	將軍	紀南城守將

吳自對楚發動緒戰以來，吳王、伍子胥、孫子，經常都親自率軍出戰，尤其這次大戰吳王更是御駕親征。楚昭王此時尚未到二十歲之年青人，故未聞有親征之事。（註十五）後期作戰尚有秦軍加入，此對楚國而言「純屬意外」，不列入本表。

二、參戰兵力

（一）吳、唐、蔡三國聯軍兵力：

此次作戰吳國三軍動員，總兵力為三萬三千六百人（如第二章所述），為可以確定之史實。惟唐、蔡二國有多少兵力參戰，歷史上並無可靠之記載。但依春秋時代兵制推斷，為「兵農合一」，以田養兵，計田出兵，平時農民以力役耕田，戰時編農為卒。此為兵制與井田制之結合，蓋古代氏族部落與封建，以戰鬥立國，一切政治制度以方便戰鬥為中心，周書「夏官司馬」篇說：

> 凡制軍萬有二千五百爲軍。王六軍，大國三軍，次國二軍，小國一軍。軍將皆命卿，二千有五百人爲師，師帥皆中大夫。五百人爲旅，旅帥皆下大夫。百人爲卒，卒長皆上士，廿五人爲兩，兩司馬皆中士，五人爲伍，伍皆有長。（註十六）

此為春秋時代兵制，唐、蔡雖小國，但地位都在吳楚兩國之上，唐蔡都是「侯」爵位之國，吳楚則只有「子」爵位之國。（註十七）再者春秋末葉各國爭相擴張軍備，按此判斷唐蔡兩國之建軍兵力，應各有一軍（一萬二千五百人）為保守之評估。

故唐、蔡、吳三國聯軍總兵力，合理數據為五萬五千到六萬人之間，此亦孫子所率之總兵力。尉繚子後來所說的「三萬之眾」，與實際相去甚多。（註十八）

（二）楚軍兵力：

楚國因兵制與當代各國不同，按周制每乘為七十五人，如秦、晉、吳等國都採周制，如孫子兵法「作戰篇」明劉寅注：「古者，每兵車一乘，甲士三人，步卒七十二人。」孔穎達亦說：「出賦之時雖革車一乘，甲士三人，步卒七十二人，其臨敵對戰之時則同鄉法。」（註十九）

但楚軍則不同，可能因楚國歷代的擴張政策需要，東出江淮必須踰越大別山、桐柏山，北進中原則伏牛山當前。為提昇後勤支援能力與戰力，故楚軍每乘以步卒一百五十人，另加勤務人員五十人，合計每乘二百人，如晉楚城濮之戰，楚軍有七百乘，計十四萬兵力。楚平王時代（前五二八年～前五一六年）窮兵黷武，兵力達二千乘，四十萬人。此次吳楚大戰，楚軍動員兵力為一千乘，計二十萬人。（註二十）

三、行軍路線

（一）吳軍行軍路線：

早在戰備整備時期，孫子就向吳王簡報過伐楚的四條可行路線（見附圖三），經多年經

營研究，配合當前國際情勢，吳軍現在計畫兵分兩路，區分兩條路線行軍，原則上走第二、三條：

南路軍：由灊（安徽霍山東北）出發——（皖鄂交界青苔關、松子關）——柏子山（湖北麻城東北）——舉水（麻城南）——漢水——郢城。

北路軍：溯淮河西上——淮汭（安徽霍邱）——蔡國——大隧、直轅、冥阨三關——唐國、隨國——雍澨（湖北省京山縣北）——漢水——郢城。

（二）楚軍運動路線：

楚軍因處被動、守勢，又在無備狀況下被迫應戰，故沒有先期計畫內之行軍路線。只能說臨時發現吳軍大舉來犯，部隊立即採行的運動路線：

囊瓦軍：自蔡解圍——（繞桐柏山北側）——鄧、沂之間（今湖北襄陽、棗陽一帶）——漢水南岸。

沈尹戌軍：方城（河南南陽市東北）——淮汭——大隧、直轅、冥阨三關。（註二一）

四、作戰構想

（一）吳軍作戰構想：（附圖七）

當蔡侯向吳王求援，吳王君臣商議決定救蔡伐楚，吳王闔閭並下達決心，並開始進行細

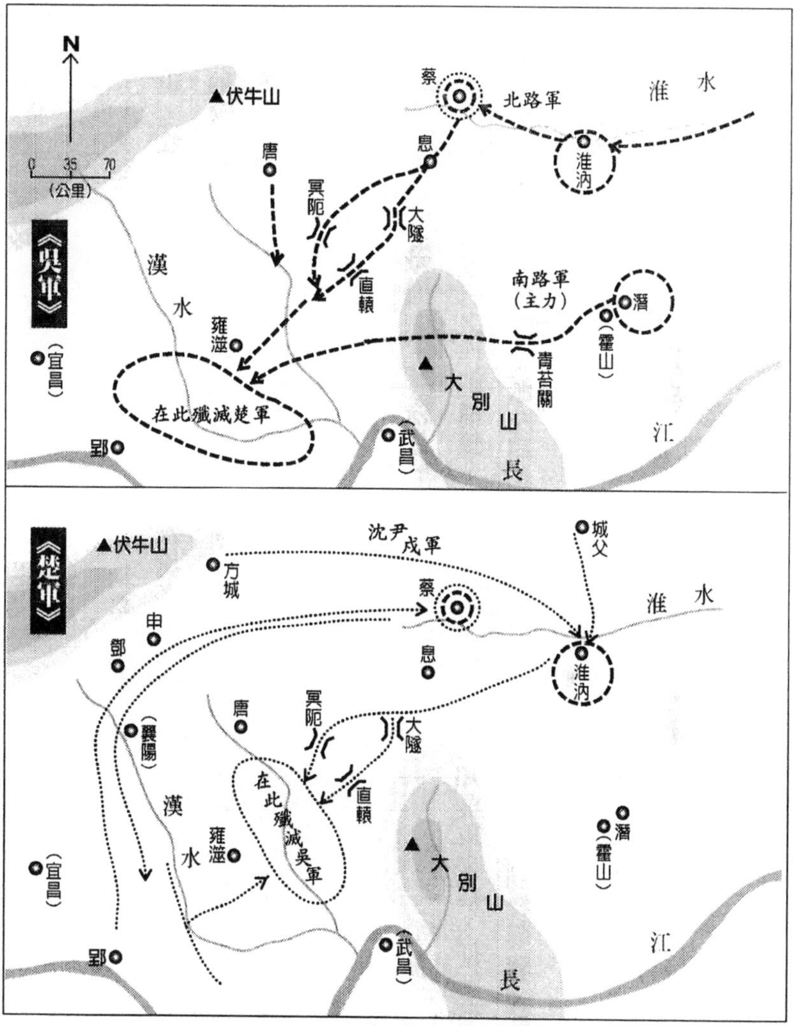

附圖七：柏舉之役吳楚兩軍作戰構想圖
吳闔閭九年（楚昭王十年，前五〇六年）秋

部作戰計畫，完成兵力編組，作戰構想如下：

吳軍兵分南北兩路，主力在南，南路軍先期在潛（今地名均同前）集結，越大別山，經柏子山、舉水，渡清發水，在漢水北岸與北路軍會師；北路軍溯淮水西進，自淮汭捨舟從陸，先行救蔡，會合蔡軍，迅速穿越大隧、直轅、冥阨三隘口，再會合唐軍，渡清發水，在雍澨一帶與南路軍會師，在漢水南北兩岸將楚軍主力殲滅後，再進入楚之郢都。

（二）楚軍作戰構想：（附圖七）

楚軍原來沒有既訂之作戰構想，當囊瓦包圍蔡國，聞知吳軍來援，便解蔡之圍而退兵。並火速向楚王告急，楚昭王派左司馬沈尹戌率軍支援，沈尹戌來到後與囊瓦商議，「左傳」記載左司馬戌謂子常曰：

子沿漢而與之上下，我悉方城外以毀其舟，還塞大隧、直轅、冥阨，子濟漢而伐之，我自後擊之，必大敗之。（註二二）

當時楚國在其北方的城父、方城（即楚長城，今河南方城縣之線）駐有重兵，以防衛北疆安全，故沈尹戌可以說立即調動方城之兵力，企圖與囊瓦夾擊吳軍，分析楚軍作戰構想應如是：

> 囊瓦軍迅速自蔡解圍而歸，率主力軍在漢水西岸暫取守勢。沈尹戌軍自方城疾趨淮汭，盡毀吳軍舟船，斷吳歸路，回軍堵塞大隧、直轅、冥阨三隘口，相機下擊吳軍側背，阻敵退路。再由囊瓦率主力渡漢水，南北夾擊，殲滅吳軍於清發水兩側。（註二三）

伍、吳、楚兩軍作戰計畫優缺

這裡只從戰略、戰術計畫作為之觀點，評吳、楚兩軍作戰「計畫」（非指作戰開始的執行階段）部份的優缺。蓋作戰計畫是正式作戰開始後，整個戰爭過程的指導依據，也是指導會戰、決戰用兵之依據。故作戰計畫影響爾後作戰之成敗甚鉅，孫子在他自己的兵書上說：

> 夫未戰而廟算勝者，得算多也；未戰而廟算不勝者，得算少也；多算勝，少算不勝，而況於無算乎？吾以此觀之，勝負見矣。（註二四）

可見戰爭之勝敗，其實是「打在開戰之前」，能正確、週詳策訂計畫，又能按計畫堅定而逐一執行計畫，應是戰勝之法門。

一、吳軍作戰計畫

吳國計畫要大舉伐楚，早在王僚五年（前五二二年）時，伍子胥奔吳就已有伐楚之計；十年後（闔閭三年，前五一二年）孫子拜將，伐楚開始有計畫進行。故吳軍作戰計畫是吳王君臣十多年長期商議、研究，考慮週到，適切可行的計畫，其優點應有：

（一）合乎大軍作戰用兵一般原則：

大軍作戰用兵必須形成優勢，尤其兵力劣勢（吳軍）一方沒有總兵力的優勢，則勢必在某一方形成「局部優勢」。按吳軍作戰構想看，重點在南路軍，企圖使用南北兩路軍儘早會合，採「內線作戰」部署，集中兵力，形成優勢，先擊滅一方之敵，再迅速轉用兵力，擊滅另一方面之敵。

（二）為使楚軍保持分離狀態，以利各個擊滅，吳軍計畫以「興師救蔡為虛，破楚入郢為實」之謀略導誤楚軍，此即創造分離敵軍，使其兵力不能集中，才有各個擊滅之機會。

（三）孫子早期向吳王簡報過的四條伐楚路線（附圖三）中，作戰計畫未採第一條，溯長江而上雖然便捷，但吳軍水師有限，難以殲滅楚強大之陸軍。且沿江易遭奇襲，或被切斷退路之可能。亦未採第四條路線，遠繞楚國北方，蓋當時楚為防衛北方國境，在城父、方城之線駐有重兵，再者借道陳、蔡、申、呂（河南南陽），部隊行動恐不易保密，喪失謀略、奇襲、誤敵之效果。

（四）採第二、三條路線的理由，乃計畫「不虞之道，行無人之徑」的考量，當時大別山區狉獉未開，原始森林連線，只有極少夷族往來，楚國視為不可超越的天險，殊不知這正是孫子視為勝兵之先機，不但計畫越大別山，且以南路軍為主力。

（五）因應作戰地區特殊地形之顧慮，未採用當時流行的戰車為主之編組形態，而是採取步兵為主的編組。（註二五）這應該是吳王君臣對作戰地區十年之深入瞭解，兵力編組上才有這麼大的突破。

二、楚軍作戰計畫

楚人其實亦早已警覺吳人之威脅，令尹囊瓦的祖父子囊曾有「城郢」之遺訓，蓋預測到吳必有攻楚入郢之一日，囊瓦乃在郢城之南築新城，鞏固郢城工事，但沈尹戌諫曰：

今楚政卑而惟吳人是懼，不結四鄰之援，不修四境之封，徒城國都，其守國之圖亦

已小矣！昔梁伯好土功，築塹溝於宮外，民疲不堪。則誑曰：「秦將襲我」，人民聞秦之將來襲也，大懼而潰，秦遂滅梁，故國必先棄其民，則民棄其上；民棄其上，不亡何待？（註二六）

沈尹戌曾如此苦心忠諫，應從政治修明做起，勿只徒高城塹溝。沈尹戌甚至說：「親其民人，明其伍侯，信其鄰國，慎其官守，守其交禮，不僭不貪，不懦不耆，完其守備，以待不虞，又何畏矣？」（註二七）可惜囊瓦貪財無能，就在吳國計畫要伐楚的近十餘年來（囊瓦仕楚之令尹，從楚平王十年到昭王十年，前五一九年——五〇六年），雖知吳國有軍事威脅，但因政治黑暗，昭王尚未成年，故始終沒有一套可獲君臣共識而完整的作戰計畫。所幸左司馬沈尹戌公忠體國，不失為有智慧、有擔當的官員，當他受命率軍支援令尹囊瓦時，即與囊瓦商議提出他的作戰構想。從戰術、戰略上來研究沈尹戌的作戰計畫，亦不失為一套好計畫，理由如下：

（一）掌控「外線作戰」的有利因素：

按戰爭原則之運用，兵力優勢一方通常採外線包圍。將敵軍殲滅於中央之位置，依沈尹戌之計畫，楚軍兵分兩路，主力在南（即囊瓦軍），準備將吳軍包圍殲滅在清發水兩側（見附圖七）。此處有一點要注意，沈尹戌對吳軍主力在南的情報判斷是正確的，所以作戰計畫才安排囊瓦率主力軍在南。

（二）合乎大軍守勢作戰原則：

大軍守勢作戰通常著眼於在陣地構築工事，俟敵到達，接受會戰，相機轉取攻勢迫敵決戰。按沈尹戌計畫，楚軍主力先在漢水西岸暫取守勢，待吳軍長途拔涉而來，兵疲馬困之際，實施南北夾擊，迫吳軍在不利狀況下決戰。

（三）沈尹戌自率一部之兵力，先毀淮汭地區吳軍之舟船，再回軍堵塞義陽三關（大隧、直轅、冥阨），搶佔地形要點。此舉完全切斷吳軍退路，截斷吳軍後勤補給路線，此亦吳軍在策訂作戰計畫時所顧慮。

陸、結語

本章研究吳大舉伐楚之時機、決心及作戰計畫，就吳國來說，確實已掌握到有利時機，包含主觀環境上的有利時機（如吳王君臣的團結一致），及客觀環境上的有利時機（如當時國際環境、楚國政情）。在伐楚入郢的決心下達，「人、事、時、地、物」都有了簡單而明確的表示，各方面負責準備、執行者才有依循的方向，有了這樣的決心，因而才有週密、可行的作戰計畫。

在楚國方面，對於如何防衛吳軍來犯，並未掌握到有利時機，沈尹戌所說：「不結四鄰之援，不修四境之封」，（註二八）正是指出楚之國際有利因素已喪失。楚國只是伐蔡時突然得知吳軍已大舉來犯，此有利先機完全喪失，再者楚王君臣亦無明確的防衛決心，因而欠缺週密、可行的作戰計畫，所幸，楚左司馬沈尹戌臨時提出的作戰計畫，依然有其戰略、戰術之考量及價值，堅定執行之，也是一個可以創造戰果的作戰計畫。

◆註釋

註一：晉國六卿即范士鞅、中行氏、智氏、趙氏、韓氏與魏氏，此時六卿相互火拼，擴張城池，晉國數百年領導中原霸業，至此一蹶不振，中原亦開始面臨瓦解之命運。當時許多有智之士都很憂心這個局面。孔子也責晉國「貴賤不再有秩序，何以立國，將亡矣。」一代兵學大師孫子當然也預見這個局面將要來臨。詳見魏汝霖註，孫子今註今譯（台北：商務印書館，七十六年四月修訂三版），頁二五二～二六〇；柏楊，中國歷史年表，上冊（台北：星光出版社，出版時間不詳），頁二三三。

註二：同註一，柏楊，中國歷史年表，上冊，頁二三三。

註三：同註一，孫子今註今譯，吳王與孫子這段對話乃民國六十一年四月，在山東臨沂銀雀山的一座古墓中發現的竹簡，出土時殘簡散斷嚴重，為孫子兵法十三篇之外的補述。

註四：袁少谷，左傳詳釋（台北：五洲出版社，六十年四月一日出版），頁七一九～七二〇。

註五：趙曄，吳越春秋（台北：商務印書館，六十七年十月臺一版），頁六五。

註六：春秋時代的「會」與「盟」不同，凡有事相會，不協則訂盟，故會者以解決事端，盟者則主於誓以結信。「坎地殺牲載書而埋之，歃血以為約，謂之盟。約信命事，殺牲而不歃血，謂之會。天子之會以禮，諸侯因而為盟；會其本也，盟其末也，故天子言會不言盟。諸侯之盟以謀不協，因而以為會；盟其本也，會其末也，故言盟不言會。」質言之，會為常儀，盟則為特禮，故會為輕，盟為重也，詳見劉伯驥，春秋會盟政治（台北：中華叢書編審委員會，六十六年六月再版），第一章、第五章。

註七：春秋「國」的等級分公、侯、伯、子、男。「召陵之會」的時間在西元前五〇六年春天三月間（即周敬王十四年、魯定公四年、晉定公六年、宋景公十一年、蔡昭公十三年、衛靈公廿九年、陳惠公廿四年、鄭獻公八年、曹隱公四年、齊景公四十二年、杞悼公十二年）。李宗侗，春秋公羊傳今註今譯（台北：商務印書館，六十二年五月初版），頁五七七。另同註書書，頁二一一二。

註八：同註四，頁七二〇。

註九：春秋公羊傳今註今譯，下冊，頁五七八。

註十：同註九，頁五八〇。

註十一：同註五，頁六五。

註十二：同註五，頁六五。

註十三：西元前五〇六年吳救蔡伐楚之戰，因吳楚兩軍初戰於柏舉（湖北麻城週邊一帶，柏子山與舉

水間地區），故史書亦稱之「柏舉之役」，就是指這次吳伐楚入郢城之戰，參閱註六，頁二一二。

註十四：吳楚兩軍主師與將領，可從史記、左傳、吳越春秋查知，惟參與這場吳楚大戰者，與吳軍聯盟的有唐、蔡二國之軍，吳王親自參戰，唐蔡二國君理應亦親自率軍參戰。在楚軍聯盟方面，到戰爭後期則有秦軍參戰，秦軍將領為秦公子子蒲與子虎。

註十五：按楚昭王即位時為十歲之童子（前五一五年），吳伐楚大戰時為十九歲。此時重要責任與權力尚不在身，亦不知吳謀楚之急，故無親征。

註十六：轉引施治，中外軍制和指揮參謀體系的演進（台北：中央文物供應社，七十年九月），頁二六～二七。

註十七：同註六書，頁一四四列表。

註十八：孫一之，武經七書（台北：星光出版社，六十五年十二月廿五日再版），頁一七〇。尉繚子是秦始皇屬下的兵法家，也是鬼谷子的弟子。「尉繚子」是他的語錄集成，有廿四篇，他說：「有提十萬之眾，而天下莫當者誰？曰：桓公也。有提七萬之眾，而天下莫當者誰？曰：吳起也。有提三萬之眾，而天下莫當者誰？曰：武子也。」可見他對孫子之推崇，但要更正孫子「提五萬之眾」。

註十九：顧俊，春秋時期的步兵（台北：木鐸出版社，七十六年四月），頁八三。另見註一，魏汝霖，孫子兵法今註今譯，頁八四。

註二十：李震，中國歷代戰爭史話（台北：黎明文化公司，七十四年十月），頁四八。

註二一：吳楚兩軍路線參閱中國歷代戰爭史，第二冊（台北：黎明文化事業公司，六十九年四月修訂再版），頁四四及圖二一—四二。
註二二：同註四，頁七二一。
註二三：吳楚兩軍作戰構想參閱註二一書。
註二四：同註一，孫子今註今譯，始計篇，頁六四。
註二五：胡林翼編，讀史兵略，卷一下，台北：國防研究院（出版時間不詳），頁四一。
註二六：同註二一，頁二三。
註二七：同註二一，頁二四。
註二八：同註二一，頁二三。

第五章

吳伐楚入郢五戰經過

壹、前言

入郢五戰是一代兵學鼻祖孫武率領吳國軍隊，轉戰南北、馳騁疆場十年間，最重要的一個階段，也是研究孫子（十三篇的理論部份除外）沙場實戰經驗，最重要的五次決定性戰役。這部份的實戰經驗價值，其實不在「孫子十三篇」之下，可惜「入郢五戰」已經結束二千五百年整（前五〇五年～一九九五年），未見有系統研究，蓋因古籍記載不清，例如「史記」、「公羊」都記錄「至郢五戰，楚五敗」，但未聞其詳，「左傳」則較詳細。

「五戰」戰場何在？按「左傳」等古籍所載，及近人考證，以柏舉、清發水、雍澨、漢水、郢城五個地點較為正確。（註一）

「五戰」時間何時?近人依「左傳」、「公羊」之推算，吳軍從國境內發動為闔閭九年（楚昭王十年，前五〇六年）十月中旬，到吳楚兩軍第一次接戰後在柏舉列陣，這天是十一月庚午日（即十一月十八日）；到第五戰郢城淪陷，楚王西逃，這天是十一月庚辰日（即十一月廿八日）。（註二）

故入郢五戰從吳軍發動到佔領郢城是一個半月，若從柏舉兩軍列陣開始，到吳軍奪取郢城當天，則正好僅十天。本章依序研究五戰之經過。

貳、「柏舉遭遇戰」——第一戰（附圖八）

闔閭九年冬十月中旬，戰爭發動初期，吳楚兩軍都按原訂作戰計畫進行，吳軍兵分兩路主力在南，對楚取攻勢，楚軍亦兵分兩路，主力在南，暫取守勢，其經過區分四個部份陳述之。

一、吳北路軍

北路軍沿淮水西進，到淮汭捨舟從陸，繼續向蔡境前進，順利救蔡後，會合蔡軍，疾趨大隧、直轅、冥阸三隘口而入。

二、楚囊瓦軍

囊瓦原率軍包圍蔡國，聞吳軍來犯，便解蔡之圍而退兵，並向楚王告急。楚王派沈尹戍率軍來援，沈到後兩人商定作戰計畫（如前章所述）。

囊瓦率師回漢水西岸，因所率部隊為步戰聯合兵種，不適合行走大別山與桐柏山之間的山區，乃遠繞當初圍蔡路線（今桐柏山北側——襄陽以西——漢水西岸），這段四百公里路程很浪費時間。行進間已聞知吳蔡聯軍已到三隘口，仍依原計畫到漢水西岸採守勢，以待沈尹戍軍之會師夾擊，正進行間囊瓦忽聞柏舉（湖北麻城）以東之山區有吳軍大舉入侵，此時大將武城黑及史皇建

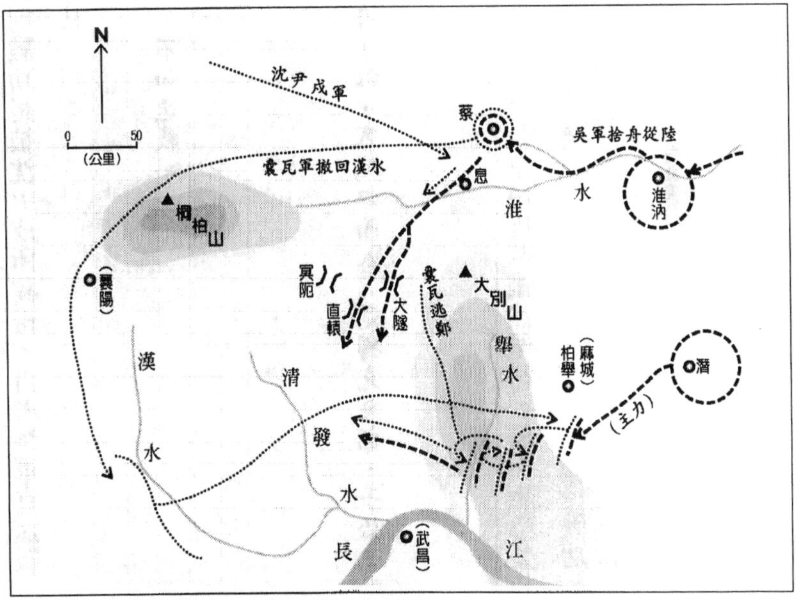

附圖八：柏舉遭遇戰吳楚兩軍作戰要圖
吳闔閭九年（楚昭王十年，前五〇六年）十月中～十一月十八日

議，囊瓦軍應立即渡漢水向吳軍攻擊，否則戰功將被沈尹戌所獨得，再者楚軍宜速戰，武城黑說：

> 吳用木也，我用革也，不可久也，不如速戰。

史皇也說：

> 楚人惡子而好司馬，若司馬毀吳舟于淮，塞城口而入，是獨克吳也，子必速戰，不然不免。（註三）

按武城黑所見吳軍用木棒為兵器，較能持久；楚軍用皮革雖然犀利，但不能持久，故須速戰，按史皇之見，由沈尹戌軍毀吳舟後，再堵塞城口（三隘口的總稱），獨得戰功，對囊瓦亦不利。囊瓦為之所動，決定不顧原訂作戰計畫，率軍先渡漢水而東，先經小別而至大別（湖北麻城到舉水西岸地區）。（註四）主動對出現在柏舉山區的吳軍，先發動攻擊。

三、吳南路軍

吳南路軍依原計畫，大部隊先在潛（安徽霍山東北）週邊地區集結，越過今湖北、安徽交界的松子關，行崇山密林無人之境，到小別與大別間地區，遭遇囊瓦軍。吳軍在這一帶與楚軍有三次遭遇戰，三戰都擊敗楚軍。囊瓦見勢不可為，欲棄軍而逃，但史皇進諫曰：

> 安求其事，難而逃之，將何所入，子必死之，初罪不必盡說。（註五）

可見囊瓦必須有必死的心，才能洗脫以前種種貪賄致寇的罪名。囊瓦暫接受史皇之議，再率軍沿舉水列陣，與吳軍東西對峙。原先囊瓦始終判斷吳軍主力在北，現在才知道錯誤，但為時已晚。

四、沈尹戌軍

沈尹戌原照作戰計畫進行，先到方城（河南方城）調取駐守北疆之楚軍，再到淮汭毀吳軍之舟，再塞住三隘口，以斷吳軍退路，不料沈尹戌軍到息（今河南息縣）地區時，才知吳蔡聯軍早已過了三隘口，同時得知囊瓦軍改變原作戰計畫，未待會師就先行向吳軍攻擊，因而大敗，只好也放棄原計畫，率軍直奔三隘口，沿途追趕吳軍之後南下，準備挽救楚軍。

從戰爭發動到兩軍在舉水東西列陣對峙，約一個月，故「左傳」記載：「十一月庚午，

二師陳于柏舉。」（註六）就在這時侯楚昭王得知囊瓦戰敗軍情，再派大將薳射率兵來援。但薳射與囊瓦意見不合，囊瓦主張再與吳軍決戰，薳射則主張待沈尹戌軍來會師後再進擊，囊瓦自命為楚之令尹（宰相），責薳射不聽號令；薳射則看不起囊瓦貪鄙無能，雙方便各自立寨，名雖互為犄角，惟相去十餘里，且不互相支援，吳軍看出楚軍將帥不合，正好各個擊滅。「左傳」曰：

> 闔閭之弟夫槩王晨請於闔閭曰「楚瓦不仁，其臣莫有死志。先伐之，其卒必奔，而後大師繼之，必克。」弗許。
>
> 夫槩王曰：「所謂臣義而行，不待命者，其此之謂。今日我死，楚可入也。」以其屬五千，先擊子常之卒，子常之卒奔，楚師亂，吳師大敗之，子常奔鄭，史皇以其乘廣死。（註七）

此即入郢五戰之第一戰——柏舉遭遇戰（附圖八），在舉水以東有三次小規模遭遇戰，終於在舉水沿岸乘楚軍將帥不和，兵力分散之際，一舉將楚囊瓦兵團幾乎全殲。主帥囊瓦見兵敗，竟畏罪潛逃鄭國（河南鄭縣），而大將武城黑、史皇都在這次戰役戰死沙場。所謂「乘廣」即當時楚人對戰車的稱呼，亦可見大將史皇所率為戰車部隊。（註八）而當囊瓦軍被殲之際，沈尹戌軍尚在追趕吳之北路軍途中。吳北路軍則已經開始和南路軍會師，吳軍之戰力乃成為倍增，楚大將薳射雖奉楚王之命率軍支援囊瓦，但因二人意見不合，囊瓦兵敗之時，薳射只是「隔岸觀火」，收編囊瓦軍殘部，重整部署，與吳軍對峙。

柏舉之役是五戰之首，吳軍全勝，部隊士氣大振；楚軍全敗，似在此役看出大勢已去，尤其主帥囊瓦竟臨危脫逃，「春秋公羊傳」記載，「蔡侯以吳子及楚人戰于伯莒（同左傳之柏舉）」、「楚囊瓦出奔鄭」。（註九）難怪孔子作春秋，亂臣賊子懼。

參、「清發水渡河作戰」——第二戰（附圖九）

楚大將薳射收編囊瓦軍後，因已見到吳軍之厲害，乃採取「不戰」戰略，企圖先穩住陣腳，並再等沈尹戌軍來到會師，本階段作戰經過如下：

一、「不戰」

開始薳射想以「不變應萬變」之策，在原陣地採守勢，與吳軍相對峙，此時兩軍對峙地區概在今湖北麻城與安陸之線以南，長江以北地區，東西約一百公里，南北約八十公里的地帶內，如此對峙數日（判斷應有三至五日之久，即十一月十九到廿三日期間），楚軍不動，

吳軍亦不攻。

二、薳射逐次後退

兩軍長久耗下去也不是辦法，雙方似乎在比耐性，還是薳射首先動搖，薳射想用逐次後退之法，把兵力撤到清發水東岸（即今湖北省之溳水），置主力於今之安陸到雲夢間地區，其用意在準備背水一戰，於是叫他兒子薳延率主力先退，到清發水東岸列陣以待，薳射則自率一部兵力斷後，掩護其子先行。

三、吳軍藉機發動河川戰

對峙數日後，吳軍見楚軍撤退，有主張乘勝先發動攻擊，但夫槩反

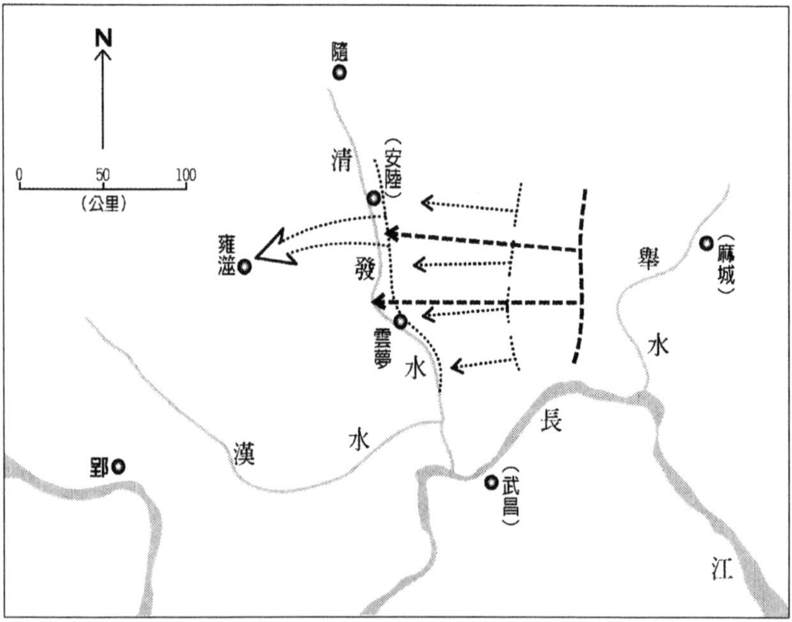

附圖九：清發水兩岸吳楚作戰示意圖
吳闔閭九年（楚昭王十年，前五〇六年）十一月底

對，他認為待楚軍半渡再攻擊，更能收最大戰果，他說：

> 困獸猶鬥，況人乎，若知不免而致死，必敗我。若使先濟者知免，後者慕之，蔑有鬥心矣，半濟而後可擊也。（註十）

按夫槩分析當前楚軍之官兵心理，人人都無戰鬥必死之決心。若待楚軍一半兵力已渡過河川，則先渡者所以幸免於死，後渡者必慕已渡者而爭先搶渡，自無戰鬥之心，此時攻擊，必敗之。反之，若讓楚軍背水一戰，作困獸之鬥，吳軍必增加傷亡。

吳王闔閭待其弟夫槩原本不佳，夫槩有兩次建議案，吳王均未許，一次戰爭發動之初，夫槩請為先鋒不許；另一次在柏舉之戰，夫槩又請先出擊不許，因柏舉大勝，故此次吳王同意夫槩的建議，再者，吳王讀過孫子的兵法，對於河川戰之原則還有領悟：

> 絕水必遠水，客絕水而來，勿迎于水內，令半濟而擊之利；欲戰者，無附于水而迎客，視生處高，無迎水流，此處水上之軍也。（註十一）

果然，薳射軍撤到清發水東岸時，吳軍還按兵不動，薳射見吳軍不戰，便下令渡河，由

其子薳延先行，當楚軍渡過十分之三、四的兵力時，吳軍發動猛烈攻勢。楚軍此時背水一戰的時機已過，列陣氣勢已衰，且兵力處於分割狀態，士卒爭搶過河，無心戰鬥，楚軍大亂失控，薳射只有棄軍而逃，被夫槩一戟刺死，薳射軍半數被殲滅。

薳延率領已渡河之楚軍，向雍澨（今湖北京山）地區退卻。

肆、「雍澨會戰」——第三戰（附圖十）

雍澨（今湖北京山）會戰是吳楚這五戰中，規模最大的戰役，蓋因沈尹戌之智慧、決心都在囊瓦之上，為楚軍之勁旅。吳軍進入楚境以來，遭到較大抵抗就是楚左司馬沈尹戌的部隊。

一、吳因楚之食

楚大將薳射之子薳延，率領已渡清發水之楚軍退卻到雍澨附近地區，因連日作戰，兵疲馬困，乃就地宿營，正埋好鍋，煮好了飯時，吳軍已追到，楚軍乃棄食而逃。吳軍飽餐一頓，並對薳延殘部實施追擊，這一段戰史在「左傳」上有簡短記錄：

楚人為食，吳人及之，奔，食而從之，敗諸雍澨。（註十二）

正當薳延軍即將就殲之際，沈尹戌軍從三隘口趕到，吳軍不敢輕敵，乃暫退列陣，重新部署，準備與楚之勁旅展開決戰。

二、沈尹戌決死成仁

當沈尹戌率軍趕到雍澨，心中已經知道楚軍形勢已無可挽回，乃先命薳延回郢城通報楚昭王，先做好郢城兵力部署，自己決心死戰成仁。

沈尹戌軍在雍澨之北側列陣，迅速對吳軍展開猛烈攻擊，以其初次接戰，新銳之軍，加上沈尹戌決死之鬥志，初期獲勝。這是吳楚兩軍接戰以來，第一次楚軍「敗吳師

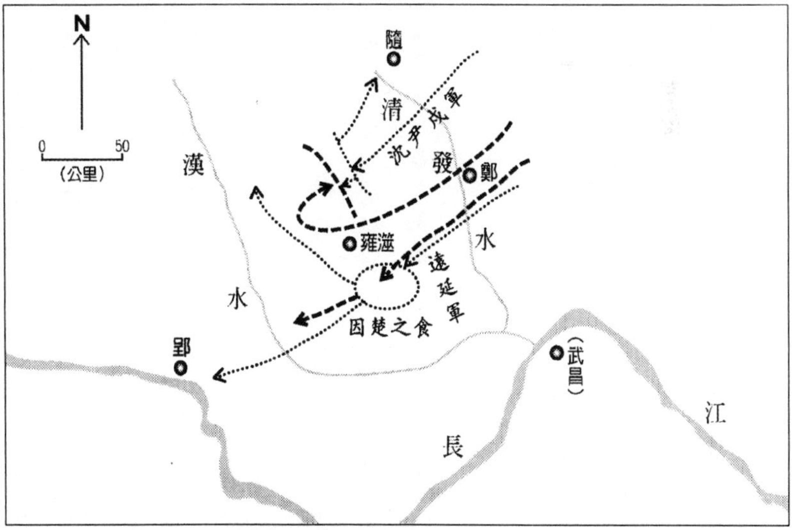

附圖十：雍澨會戰吳楚作戰要圖
吳闔閭九年（楚昭王十年，前五〇六年）十一月底

于雍澨」，可謂小勝。但吳軍稍退，再重整陣勢，對楚軍發動攻勢，並以強弩在前，短兵在後。吳軍因身在「客地」，深入「重地」，回望鄉國已不易返還，只有死裡求生。楚軍因「諸侯自戰其地」，「散地」無戰，士卒戰志無堅，形勢不利。（註十三）一陣衝殺，楚軍不敵大敗，沈尹戌身負重傷，部將吳句卑保護他衝出重圍，但沈尹戌命令吳句卑割下他的頭顱向楚王回報。「左傳」記錄這段可歌可泣的史事：

> 左司馬戌及息而還，敗吳師于雍澨，傷。初，司馬臣闔閭，故恥爲禽焉，謂其臣曰：「誰能免吾首。」吳句卑曰：「臣賤，可乎。」司馬曰：「我實失子，可哉。」三戰，皆傷，曰：「吾不可用也已。」句卑布裳刭而裹之，藏其身而以其首免。（註十四）

原來司馬戌曾經是吳王闔閭的部屬，故恥為禽（擒），才叫他的部將割下首級拿回去向楚昭王回報，免受污辱。古人視情操名節比生命更重要，可見一斑。兩千五百年後的今天依然使人感動啟敬，沈尹戌一死，楚軍大亂，大部被殲，小部向北及西逃竄。

雍澨會戰後，楚國大部兵力已全部被消滅，所餘者僅郢城的留守部隊，國都郢城亦無險可屏，吳軍只要渡漢水便可直抵郢城，情勢可危。

伍、「漢水之戰」——第四戰

漢水距離楚都郢城只有四十餘公里，是郢城外的第一道天然屏障，為吳伐楚最後一個天然障礙，只要渡漢水，便可直入郢城。所以，吳軍當初的作戰計畫（見第四章附圖七），就是要在漢水沿岸與楚軍主力決戰，那裡知道未到漢水，楚軍主力就已全部被殲滅，按沈尹戌最初的作戰計畫（同附圖七），也是用楚軍主力在漢水西岸採守勢，相機夾擊殲滅吳軍之主力，確保郢城安全。可惜計畫成空，但至少可以知道漢水對楚國的地略而言，形勢異常重要，守住漢水定可確保郢城。

漢水之戰在相關古籍中記載最不清楚，「史記」吳太伯世家只說闔閭興師「至於漢水」，楚世家說「夾漢水陣」，伍子胥列傳說「與楚夾漢水而陳」。（註十五）但這些都不是說明漢水之戰的經過，亦非交待兩軍之兵力運用，此種情形顯係指楚軍主力被殲滅後，所餘兵力只能用在郢城四週之防禦，在漢水已無可力戰之兵，或兵力甚少。故吳軍之渡漢水如入「無人之境」容易，所謂「漢水之戰」只是一場規模甚小的戰鬥。依近人李則芬在「中外戰爭全史」一冊中研究，亦說在漢水沿岸吳楚兩國有一戰，為伐楚入郢五戰中的第四戰，惟兵力與經過情形未知。（註十六）漢水沿岸吳楚兩軍有一場小規模戰鬥，應可確信，惟詳情尚待進一步考證研究。

陸、「郢城決戰」——第五戰（附圖十二）

吳王君臣終於準備要奪取最後的戰略目標——郢。楚都郢城，最早在楚武王五十一年（前六九〇年），武王羋熊通攻打隨，卒於軍中後，子文王羋熊貲嗣位，自丹陽（湖北枝江）遷都郢城（湖北江陵）。直到楚昭王十二年（前五〇四年）楚國勢衰，再遷都鄀城（湖北宜城），前後楚以郢為國都達一八六年。

「郢城」何在？一般史書都說是今之湖北江陵，惟近年大陸考古學發達，許多古城紛紛出土，據郢城出土的遺址研究報告說：

> 郢城在江陵縣草市鎮東北四里，現僅存土城一圍，沒有城門洞，只殘存幾個缺口。城長寬各三里，面積約九平方里……城內大部份是田地，城中心有縱列的南北濠，據說南濠中有一古井是楚莊王妃葬地，北濠右岸的土地廟又名莊王臺，相傳是楚莊王宮的遺址。（註十七）

今天的湖北江陵在草市正西邊約三公里，故郢城正確位置應概在今江陵東北約六至八公里處，長江與長湖間，郢城外另有兩個小城，即紀南城與麥城互為犄角，用於防衛郢城，遺址研究報告亦說：「紀南城在江陵紀山之南，據說是楚郢都故址，城周圍約四十餘里，城型似土堤，較現在縣城為大，殘磚斷瓦隨地可見。」今所幸遺址出土後對照，「據說」是不正確的。（註十八）紀南城遺址現在是湖北重要的觀光點，位於江陵北側約十公里處。

麥城所在似無較可靠證據，惟楚在雞父之戰（楚平王十年，前五一九年）大敗後，（註十九）楚以子常（囊瓦）為令尹，子常即子囊之孫，他牢記祖父訓誡：「必城郢，以備吳。」乃在郢城之南築新城，據今人研究紀南西南有城應即是麥城，郢城、紀南城與麥城在今之關係位置，如附圖十一所示。（註二十）現在分述郢城決戰之經過。

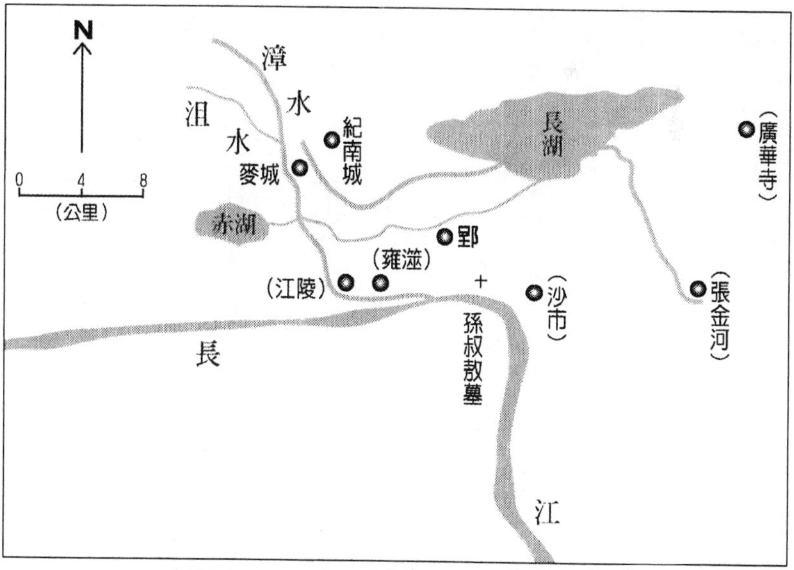

附圖十一：郢城、紀南城、麥城關係位置圖

一、楚王的防衛部署

蘧延傳回楚軍大敗，兵力全部就殲，將軍吳句卑帶回沈尹戌的人頭，證明兵敗如山倒的慘狀，重要將領全部陣亡。楚昭王惶怖不安，無心處理政務，交給異母兄子西、子期去處理。立即派出兩員大將防守郢城外的兩個衛星城，將軍鬥巢守麥城，宋木守紀南城，其他將領帶著近衛隊負責防衛郢城，企圖最後頑抗。

楚國原有二十萬野戰兵力。（註二一）但柏舉之戰至今連續數次會戰大敗，主力全被消滅，殘兵敗卒亦已潰散，故郢城決戰只有近衛部隊，總兵力約萬人以內。（註二二）

二、吳軍水攻郢城

吳軍先集中兵力，迅速拿下麥城，再決漳江之水灌入紀南城，因郢城附近地區有漳水、沮水、長湖及江水支流，河川密佈，吳軍想到「水攻郢城」的辦法，動員大批兵力決水淹郢城，附近江水直淹到郢城下，吳軍又自附近山中砍竹造筏，士卒乘筏順水勢直攻入郢城，麥城與紀南城均先後被吳軍攻下。

郢城亦急急可危，楚昭王見兩衛星城相續失守，郢都亦早晚不保，先棄郢城而逃，楚軍見國王出亡，更無心守城，吳軍乃得破城而入，這一天是十一月庚辰日（即十一月廿八日），

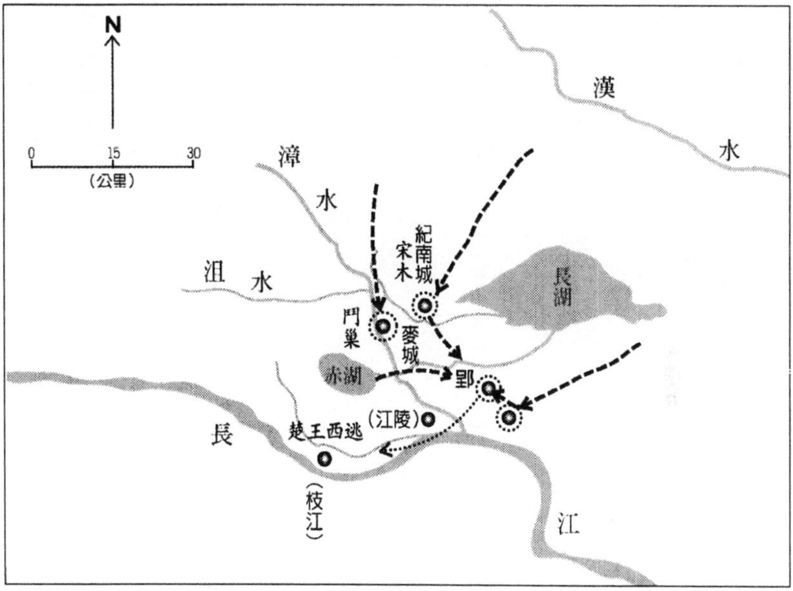

附圖十二：吳楚郢城決戰經過要圖
吳闔閭九年（楚昭王十年，前五〇六年）十一月廿八日

楚昭王十年，吳闔閭九年，西元前五〇六年，「破楚入郢」這一戰是吳國當時改變國際形像重要的一戰，在戰爭初動時「春秋公羊傳」的記錄用詞如下：

> 冬十有一月庚子，蔡侯以吳子及楚人戰于伯莒，楚師敗績，吳何以稱子？夷狄也，而憂中國。（註二三）

待吳軍連敗楚軍奪取郢城後，「春秋公羊傳」的記錄馬上改變口氣曰：

> 庚辰，吳入楚，吳何以不稱子？反夷狄也。（註二四）

可見郢城決戰確實提高了吳國的國際地位，破楚入郢也是吳王君臣策劃十餘年，終於拿下的重要目標。

三、楚王西逃

當郢城破在眉睫之時，楚王先棄城西逃，吳軍追擊，鍼尹固以「火象陣」逼退吳之追兵，掩護楚王脫險，「左傳」曰：

> 楚子取其妹季芈畀我以出。涉雎，鍼尹固與王同舟，王使執燧象以奔吳師……楚子涉雎，濟江，入于雲中……奔鄖……奔隨。（註二五）

鍼尹固（楚大夫）放出宮中象群，在象尾巴上繫住火把，縱之奔向吳軍，遂得以脫險。這個「火獸戰法」是歷史上的第一次，孫子在兵法上主張戰前就要考量一切可能變數，伍子胥亦深謀遠慮，還是始料未及，讓楚王脫逃。兩百年後（齊襄王五年，燕昭王三十四年，前二七九年），田單用「火牛陣」大破燕軍，可能是從火象陣啟發的靈感。

楚王涉睢（沮水），從今之枝江縣渡長江，進入當時長江南岸的雲夢大澤，才避開吳軍追兵，楚王輾轉到勛（今湖北安陸），鄖公歡迎他，但鄖公之弟懷要殺他，因為鄖公兄弟的父親蔓成然被楚平王殺害，兩兄弟意見不同，「吳越春秋」記載：

> 鄖公辛得昭王大喜，欲還之，其弟懷怒曰：昭王是我讎也，欲殺之謂其兄曰，昔平王殺我父，吾殺其子不亦可乎，辛曰，尹討其臣敢讎之者，夫乘人之禍非仁也，滅宗廢祀非孝也，動無令名非智也，懷怒不解，辛陰與其季弟巢以王奔隨。（註二六）

對殺父仇人楚昭王該不該殺，鬥辛與鬥懷顯然看法相左，鄖公（即（鬥辛）進一步再為弟弟解釋，他從君臣關係的道理說明之：

> 夫事君者，不爲內外行，不爲豐約舉，苟君之，尊卑一也，且夫自敵以下則有讎，非是不讎。下虐上爲弒，上虐下爲討，而況君乎！君而討臣，何讎之爲？若皆讎君，則何上下之有乎？（註二七）

鬥懷還是不能瞭解哥哥的大道理，說「吾思父，不能顧矣。」（註二八）楚王及其隨行人員只好在鄖公掩護下，又奔往隨國（今湖北隨縣南）。

四、吳軍追擊楚王

吳軍之一部沿途追擊楚昭王，跟從到了隨國，要求隨人交出楚昭王，吳人對隨人說：

> 周之子孫，在漢川者，楚實盡之。天誘其衷，致罰於楚，而君又竄之。周室何罪？君若顧報周室，施及寡人，以獎天衷，君之惠也，漢陽之田，君實有之。（註二九）

按吳人之意，隨人若能順天意把楚王交出，好處多多，至少「漢陽之田，君實有之。」但當時隨公不同意，故意縱放楚王逃走，對吳人解釋說「卜與之，不吉」。（註三十）按「吳越春秋」記載，吳軍一部亦曾在此時興師問罪於鄭國，蓋因當年伍子胥出亡在鄭（河南鄭縣），鄭定公殺害太子建，並困迫子胥。所幸當年渡子胥過河的漁夫之子突然出現，請求伍子胥顧念前人有恩，放鄭國一馬，鄭得以解危，伍子胥乃率軍回郢城，繼續索求楚昭王下落。

依當時鄖、隨等人看法，楚國如此，罪不在楚昭王一人，都無懼於吳軍之威脅，庇護或藏匿楚昭王，不久楚昭王就在隨國組成「流亡政府」，開始進行反攻吳軍的復國運動。

柒、結語

本章研究吳伐楚五戰入郢經過，所謂「五戰」者，歷史上有不同記載。「史記」、「左傳」、「吳越春秋」都說五戰入郢，楚五敗。「戰國策」說吳楚在柏舉交戰，三戰之後吳軍攻入楚都郢城。（註三一）「呂氏春秋」形容吳國從準備到佔領郢城說：

> 下賢良，選練士，習戰鬥，六年。然後大勝於柏舉，九戰九勝，追北千里。昭王出奔隨，遂有郢，親射王宮，鞭荊平王之墳三百。（註三二）

「呂氏春秋」顯然把若干局部遭遇戰計算在內，其實重要的戰役就是本章論及五戰。所謂「追北千里」，可能是指伍子胥率軍問罪於鄭國之事，各家所言雖有不同，並不影響吳楚兩軍作戰經過與結局，但最使人敬服之處，是這場由孫子主將的大戰，從戰爭初動到奪取郢城為止，似乎都「事先安排」好了，完全依計畫行事。時間、地點、敵情都在吳軍掌控之下，此應為研究五戰經過後，發現到最珍貴的戰爭藝術。

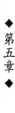

◆註釋

註　一：李則芬，中外戰爭全史，第一冊（台北：黎明文化公司，七十四年一月初版），頁一五六～一五九與插圖廿九。

註　二：李宗侗，春秋公羊傳今註今譯，下冊（台北：商務印書館，六十二年五月初版），卷廿五，頁五七九～五八〇；袁少谷，左傳詳釋（台北：五洲出版社，六十年四月一日出版），頁七二一；徐瑜，孫子兵法（台北：時報文化出版公司，七十六年元月十五日），頁六五～七〇；孫鐵剛，左傳（台北：時報文化出版公司，七十六年元月十五日），頁二二二。

註　三：袁少谷，左傳詳釋（台北：五洲出版社，六十年四月一日），頁七二一。

註　四：小別，山名，在今湖北漢川縣北，又名甑山。大別，亦山名，在今湖北漢陽縣東北，又名魯山，小別在西，大別在東，此與今河南、湖北交界上的大別山脈，非指同一地，見註二書，袁少谷，左傳詳釋，頁七二九，註四八。

註　五：袁少谷，左傳詳釋，頁七二一。

註　六：同註五。

註　七：同註五，頁七二一～七二二。

註　八：顧俊，春秋時期的步兵（台北：木鐸出版社，七十六年四月），頁八八。

註　九：李宗同，春秋公羊傳今註今譯，卷廿五。

註　十：晉，杜預注，春秋經傳集解（台北：新興書局有限公司，七十年六月版），頁三七八。

註十一：魏汝霖註，孫子今註今譯（台北：商務印書館，七十六年四月修訂三版），行軍篇，頁一六八。

註十二：同註五，頁七二二。

註十三：「散地」，諸侯自戰于境內，指強敵入侵。「散地無戰」者，因在自己國境內，士卒戰志不堅，應採防禦持久戰，勿求決戰。「客地」與「重地」都指深入敵境，士卒只有決死一戰才能生存的道理，同註十一書，九地篇。

註十四：同註五，頁七二二～七二三。

註十五：漢。司馬遷，史記（台北：宏業書局，七十九年十月十五日再版），頁一四六六、一七一四、二一七六。

註十六：同註一。

註十七：文崇一，楚文化研究（台北：東大圖書公司，七十九年四月），頁四七～四八。

註十八：依顧祖禹「讀史方輿紀要」，卷七十八荊州府條，謂郢城是囊瓦所增修；紀南城乃故郢，楚文王自丹陽遷此，今與出土遺址對照，知其說不正確，參閱註十七書。

註十九：吳王僚八年（楚平王十年，前五一九年），吳攻州來（安徽鳳台），楚大夫薳越率頓、胡、沈、蔡、陳、許共七國聯軍救州來，戰於雞父（河南固始），七國聯軍大敗，吳擒胡、沈二國君主及陳大夫夏齧。

註二十：附圖十一參考楚文化研究、孫子今註今譯附圖一繪製。據程發軔，春秋要領（台北：東大圖書公司，七十八年四月），頁一九五，吳軍決赤湖灌郢城。

註二一：李震，中國歷代戰爭史話（台北：黎明文化公司，七十四年十月），頁四八。

註二二：楚國除野戰兵力外，另有各種近衛隊，楚王有二廣共三十乘（約六千人），分東西兩隊，每

隊十五乘，楚人稱戰車為「廣」或「乘廣」；首相衛隊約有一千二百人（是否有戰車不詳）；太子衛隊（編制不詳，應少於首相衛隊）。合郢城衛隊、麥城與紀南城守衛兵力，此次郢城決戰，楚軍兵力應在萬人之內，見註八書，頁八八～八九；另見實踐學社印，春秋晉楚城濮之戰，五十二年八月出版，頁二六～二七。

註二三：李宗侗，春秋公羊傳今註今譯，下冊，頁五七九。

註二四：同註二三，頁五八二。

註二五：同註五，頁七二二～七二三，季芈畀我，楚平王之女，「世族譜」謂係兩人，服虔云，畀我即季芈之字，服說較合理。

註二六：趙曄撰，徐天祐注，吳越春秋（台北：商務印書館，六十七年十月臺一版），頁六七～六八。另見左傳詳釋，頁七二三～七三二。鄖當時已是楚邑，鄖公（即鬥辛，楚大夫），與鬥懷、鬥巢是三兄弟，均蔓成然之子，令尹子文玄孫之孫，子文（鬥穀），於楚成王八到卅五年（前六六四～六三七年）為令尹。

註二七：左丘明，國語，卷十八，楚語下（台北：漢京文化公司，七十二年十二月卅一日），頁五七七。

註二八：同註二七。

註二九：同註五，頁七二三。

註三十：同註二九。

註三一：轉引鍾克昌，戰國策（台北：時報文化出版公司，七十六年元月十五日），頁五七。

註三二：尹仲容，呂氏春秋校釋（台北：中華叢書委員會，四十七年七月）。卷第二，胥時篇，頁一五。

秦楚聯軍反攻
——吳軍轉進回國

壹、前言

吳軍奪取郢城後，對於地大物博的楚國一時提不出治楚對策，君臣沈醉在享受美女及勝利復仇的不同行為。由於吳王君臣在郢的失策，加上此期間國際關係產生巨大變化，主客觀環境之巨變，吳王君臣無力或無意解決，乃有秦楚聯軍反攻，吳軍轉進回國的收場。

這段時間從吳闔閭九年（楚昭王十年，前五〇六年）十一月廿八日吳軍入郢城，直到次年（前五〇五年）九月吳軍轉進回國，約有十個月的時間，區分吳軍在楚作為，楚軍地下游擊作戰，越侵吳都、申包胥哭秦庭、秦楚聯軍反攻吳軍等部份研究之。

貳、吳王君臣與吳軍在楚作爲

吳王君臣控制楚都後，依其企圖各有不同作為。吳王規定「以班處宮」（註一），即君臣以尊卑次序住進楚王君臣的宮室，並各以他們的夫人為妻。「春秋公羊傳」有如下記載：

> 君舍于君室，大夫舍于大夫室，蓋妻楚王之母也。（註二）

即吳大夫以楚大夫之妻室為妻室，吳王闔閭大概是以楚昭王之母親為妻，但「吳越春秋」說是以昭王夫人為妻，（註三）反正不論是昭王之母或夫人，都被闔閭佔為己有，吳王除了沈醉在楚國眾美女，索尋財寶之外，對於如何治理楚國，或如何處理後續問題，似未有考慮過一些合理可行的處理方案，既然是「以班處宮」，且吳王率先實行之，則以下各級將領（將軍、副將軍、大夫、行官）、各級幹部當如是，只有過之而無不及。楚國各級官員的妻女，定當成為吳軍凌辱之對象，闔閭弟夫槩與公子山為此險些爆發攻戰。「春秋經傳」說：

> 子山處令尹之宮，夫槩王欲攻之，懼而去之，夫槩王入之。（註四）

由此可見吳王兄弟父子以勝利者姿態佔領郢城後，一心只在爭奪楚人之宮室妻女，對吳軍下一步行動與楚國政權問題，竟無人顧及，與準備大舉伐楚之初，團結積極之像，完全判若二人，誠然可悲可嘆！

伍子胥進入郢城後，首先搜求楚昭王，報殺父兄之仇。「史記」伍子胥列傳曰：「伍子胥求昭王，既不得，乃掘楚平王墓，出其尸，鞭之三百，然後已。」（註五）「吳越春秋」亦曰：

> 伍子胥以不得昭王，乃掘平王之墓，出其屍，鞭之三百，左右踐腹，右手抉其目，誚之曰，誰使汝用讒諛之口，殺我父兄，豈不冤哉。（註六）

伍子胥以殺父兄之仇不共載天，乃採激烈之復仇行為，但子胥的朋友申包胥（楚大夫）出亡在山中，聽到這種事認為太過份了，派人告訴子胥說：

> 子之報讎其以甚乎？子故平王之臣，北面事之，今於僇屍之辱，豈道之極乎？（註七）

這個道理伍子胥當然聽不進去，乃回答使者說：「為我謝申包胥，曰日暮路遠，倒行而

逆施之於道也。」（註八）可見這個時候伍子胥處於「瘋狂狀態」，司馬遷在「史記」上贊之曰：「棄小義，雪大恥，名垂後世」的烈丈夫。（註九）子胥行為仍受肯定，蓋因對暴虐昏君之復仇，為春秋大義之範圍。

鞭楚平王屍者，依「史記」記載還有伯嚭。（註十）因其父祖都以費無極之讒害，被楚平王誅殺。

正當吳王君臣沈迷於楚國之宮室美女，或忙於報仇雪恨時，唯一考慮到如何處理楚國政權問題的人，就是「聯軍指揮官」孫武將軍。他建議吳王立楚太子羋勝（羋建的兒子）為楚王，孫子之意戰爭之目的不在「破國」而是「全國」，再者，吳楚相鄰，楚為大國，故楚國政權應是和平的，而不是侵略他國，至少要對吳國沒有威脅，論身份地位，羋勝也是最佳的楚王人選，可惜吳王闔閭並未採納這個建議。（註十一）

關於孫子，此處有一「疑案」應以平反，「吳越春秋」說：

> 闔閭妻昭王夫人，伍胥孫武白喜（即伯嚭）亦妻子常司馬成之妻，以辱楚之君臣也。（註十二）

由此觀之，闔閭為當代君王，伯嚭原本好色，他們以別人之夫人為自己的老婆，為可以確認之事，此屬「應然」，也是「實然」。但伍子胥與孫子二人是否會幹這種事，存疑頗大。依作者之見，這是「吳越春秋」在記載史事時，對吳王「以班處宮」的聯想或引申用法，按伍子胥與孫子二人的個性，及其情操，應不致發生此種不義之舉，歷史應還他二人的清白。

另有一說，按「楚文化研究」一書，楚在春秋時代的兩性道德關係中，一個人勿論是否嫁娶，或再娶再嫁，跟多個男人或女人有性關係，一般並不視為越出常軌，社會也不視之為不道德。（註十三）若此說能普遍接受，則伍子胥與孫子「妻人之妻」當有可能發生。惟「楚文化研究」的說法並不可靠，因為「吳越春秋」也說「以辱楚之君臣也」。這也說明不論任何情況，楚國當時婦女的道德標準，只要發生婚外性關係就是恥辱，故本書從「應然」推理，認為伍子胥和孫子的「以班處宮」，僅限於住對方的房屋，並未採「妻人之妻」的手段，來污辱楚國君臣，此事兩千多年來未見有澄清者，殊為可惜。

參、楚人對吳軍進行地下游擊作戰

楚軍雖屢戰屢敗，終致郢城淪陷，楚王出亡，但楚國軍民始終無一人投降，這是楚國終能「反敗為勝」的根本原因，歷史上有「三戶亡秦」的佳話誠有道理。楚昭王出逃時，與郢城父老有一段對話：

> 昭王之軍敗而逃，父老送之。曰：寡人不肖，亡先君之邑，父老返矣，何憂無君？寡人且用此入海矣！父老曰：有君如此其賢也！以眾不如吳，以必死不如楚。（註十四）

這段對話很能彰顯楚人在宮庭政治鬥爭以外，一般民眾的民族氣節，以地方之父老能說：「以眾不如吳，以必死不如楚」，還是很叫人肅然起敬。當吳王君臣爭奪楚之宮室美女之際，楚國在外之官員就判斷，吳軍對楚國終究是無可奈何的，「左傳」曰：

> 初，鬥辛聞吳人之爭宮也，曰：「吾聞之，不讓則不和，不和不可以遠征，吳爭於楚，必有亂，有亂則必歸，焉能定楚。」（註十五）

楚國軍民從吳軍內爭已看出吳人必歸，朝野所有抗吳勢力乃轉入地下化，對吳軍進行激烈的游擊戰，並與數月後的秦軍聯合反攻吳軍，可見楚人的地下抗吳戰力不可忽視，到底楚人地下游擊戰進行經過如何？史無詳載。但「穀梁傳」說：「相與擊之，一夜而三敗吳人，復立。」（註十六）從各種古籍中可以歸納出當時楚人進行游擊作戰，其各方面領導人物如下表。（註十七）從本表判斷當時楚之大夫、王孫貴族、將軍及朝野有身份地位的人，大多投入對吳之游擊戰行列。楚昭王在隨，為強化政治號召，方便指揮游擊武力，特別「國于脾洩」。（註十八）即在脾洩（今湖北江陵縣境，地近郢都）這個地方，偽建王之車服為行都，也是一個「地下機動指揮所」。

楚人之復國運動，就在吳人無意無力治楚，及楚國軍民「以必死不如楚」的民心士氣，這兩股力量的消長之中，「相與擊之，一夜而三敗吳人。」楚人的地下游擊戰應是「連戰皆捷」，對吳軍產生極大傷害或困擾。

附表三：楚國地下游擊武力領導人

領導人	身份與任務
申包胥	大夫，初在山中，後到秦求救兵
子西	昭王庶兄，掩護昭王奔隨
王孫由于	公族，掩護昭王逃出郢城
王孫圉	王族
薳延	大將薳射之子，郢城守將
鬥辛	鬥辛、鬥懷、鬥巢三兄弟後皆勤王
宋木	原紀南城守將
子期	楚平王子，掩護昭王逃亡
鍼尹固	用「火象陣」退吳軍，助昭王出逃
鍾建	楚大夫
王孫賈	
葉公諸梁	左司馬沈尹戌之子

肆、申包胥哭秦庭求救兵

楚大夫申包胥原來和伍子胥是朋友，當年伍胥出亡時告訴申胥曰：「我必復楚。」申胥

回答說：「勉之，子能復之，我必能興之。」（註十九）十六年後伍胥果然回來復仇，且鞭平王屍三百下。申胥在山中聽到這種事，派人勸伍胥勿太過份，伍子胥已不可能接受，申胥知道已無可為，乃日夜趕路到秦國求救兵，「足踵蹠勞，裂裳裹膝」，這個時候是楚昭王十年（吳闔閭九年，前五〇六年）年底。

申包胥終於如秦乞師，秦是春秋五霸之一（按五霸：齊、晉、秦、楚、吳），當時秦哀公在位。「左傳」記載申胥求援情形：

> 申包胥如秦乞師，曰：「吳爲封豕長蛇，以荐食上國，虐始於楚，寡君失守社稷，越在草莽。使下臣告急曰，夷德無厭，若鄰於君，疆埸之患也。逮吳之未定，君其取分焉。若楚之遂亡，君之土也。若以君靈撫之，世以事君。」秦伯使辭焉，曰：「寡人聞命矣，子姑就館，將圖而告。」對曰：「寡君越在草莽，未獲所伏，下臣何敢即安。」立依於庭牆而哭，日夜不絕聲，勺飲不入口，七日，秦哀公爲之賦無衣，九頓首而坐，秦師乃出。（註二十）

對申包胥的要求，秦哀公說：「秦兵員不足，將才又少，自保尚且不及，那還能救人呢？」申包胥解釋，吳滅楚只是第一步計畫，下一步輪到秦國，何況楚國被吳併滅之後，吳秦相鄰，對秦國總是有威脅。現在救楚還來得及，可以和吳國共分楚國土地。如果救楚成功，楚國感激秦國，情願世世北面事秦；若不救楚，等於是秦國喪失一大塊領土。秦哀公雖覺有理，但遲未發兵，申包胥慟哭七天七夜，終於感動秦哀公。為申包胥唱「無衣」，答應出兵救楚。

不論是否申包胥的解釋說動秦哀公，至少秦楚兩國是親戚，秦哀公的妹妹孟嬴（無祥公主）是楚平王夫人，是楚昭王的媽媽，楚昭王是秦哀公的外甥，以這層關係，秦哀公就不能見死不救。其實秦哀公為申包胥賦「無衣」，並不是說秦楚兩國真的如「無衣」詩篇所唱「同仇、偕作、偕行」；較重要的意義是看在楚昭王是秦女所生，並示「弔民伐罪」之意。

伍、越襲吳都

楚為牽制吳國，積極扶植越國，使越之國力迅速膨脹，終於機會來了，越見吳軍空國遠征，國內只有公子波率極少兵力留守，大軍遠在千里外的郢城，乃興兵伐吳，大掠而還，此時已是闔閭十年（前五〇五年）春夏之際，申包胥尚在秦國，秦師尚未到楚，「吳越春秋」曰：

十年秦師未出，越王允常恨闔閭破之檇里，興兵伐吳，吳在楚，越盜掩襲之。（註二一）

按闔閭破檇里（今江蘇嘉興縣南），乃指闔閭五年（前五一〇年）夏天伐越之事（見第三章），越王允常懷恨在心，或因文種、范蠡策動，率軍侵入吳都姑蘇（今江蘇蘇州），吳王得知分兵回救，但已經來不及了，此事在「公羊傳」記載：

於越入吳，於越者何？越者何？於越者未能以其名通也。越者，能以其名通也。（註二二）

越國此時的國際地位明顯低落，正式名稱「越」不能通行上國，尤其周、魯更不能以正名通之，而必須用「於越」稱號，才能被上國接受。故「公羊」魯定公五年（前五〇五年）記載越偷襲吳都之事，才用「於越」二字。（註二三）中國人講究「正名」，恐始於春秋。

此次越侵吳都另有一說，正當吳王困守郢城進退維谷之際，其弟夫槩為謀奪王位，逕自引其本部兵力潛行回國，夫槩回國後勾結越子允常為外援，不久闔閭引兵回國，大敗夫槩，吳越兩軍遂於石門關（今浙江崇德縣北），固陵（今浙江西陵）之間對壘。（註二四）

越侵吳都之事，雖未引發兩國大規模戰爭，卻改變了當時整個國際現勢。原本晉聯吳制楚，秦因地處西垂，無意介入南方紛爭。但在越侵吳都後不久，秦軍出兵救楚，形成秦楚聯軍與越三國夾攻吳之局面，國際政治重心乃由西北轉向東南。

陸、秦楚聯軍反攻吳軍（附圖十三）（註二五）

一、戰前情勢

越軍偷襲吳都，大掠而

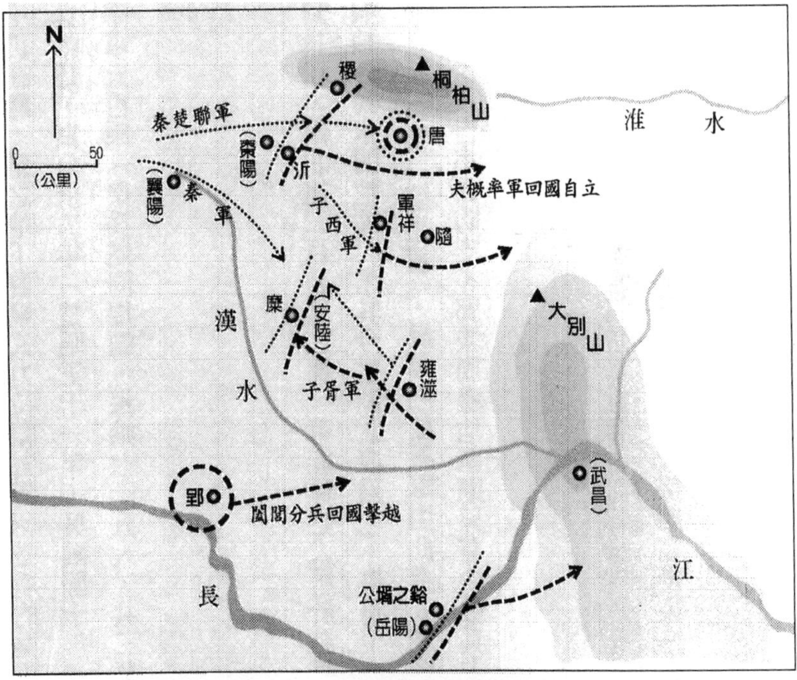

附圖十三：秦楚聯軍反攻——吳軍轉進作戰要圖
秦哀公三十二年（楚昭王十一年，吳闔閭十年，前五〇五年）六至九月

還，闔閭派一部兵力回國，楚昭王仍在隨，楚之地下游擊武力持續對滯留楚境的吳軍戰鬥。

另一方面，秦哀公已答應出兵救楚，哀公卅二年（楚昭王十一年、吳闔閭十年、前五〇五年）六月，秦公子子蒲、子虎率軍五百乘（秦兵制同周制，每乘七十五人，共三萬七千五百人）到達楚境。

二、作戰地區

本次作戰地區北起桐柏、南到長江，南北達三百公里之遙，可能係楚人居於游擊作戰分散兵力之必要，但主戰場則仍在桐柏、漢水間地區，尤其今之湖北襄陽——棗陽——隨州之線，為西北地區進入漢陽的戰略要道，古稱「隨棗道」。吳軍判斷秦軍由此進入楚境，乃在這一帶地區部署重兵，由夫槩、伍子胥親自率兵防守，郢城周邊地區則只有少數兵力。

三、作戰經過（見附圖十三）

六月，秦軍自「隨棗道」進入楚境，在今棗陽一帶與楚軍會師（判斷此時楚軍已整編成正規部隊）。子蒲告訴楚人說：「我人地不熟，你們先戰。」秦軍於集結完畢後亦戰，大敗夫槩軍於沂（今棗陽東）、軍祥（隨縣西側）。「左傳」記載其經過：

中包胥以秦師至，秦子蒲、子虎帥車五百乘以救楚，子蒲曰：「吾未知吳道。」使楚人先與吳人戰，而自稷會之，大敗夫槩王于沂。吳人獲薳射於柏舉，其子帥奔徒以從子西，敗吳師於軍祥。（註二六）

秦將子蒲果然聰明，叫楚人先戰以摸清吳軍戰術與戰略運用之道，依「吳越春秋」闔閭內傳之判斷，夫槩率領這支吳軍在迎戰秦楚聯軍這方面，自六月到九月似未打過勝仗，乃於九月引其本部軍隊回國自立稱王，闔閭將伍子胥、孫子與伯嚭三人留下繼續與秦楚聯軍作戰，自己帥一部兵力先回國攻擊夫槩，夫槩大敗逃楚，後來楚國竟然也收留了他，封於棠谿（今河南遂平縣西），最重要的考量還是在牽制吳國。

七月，子期與子蒲組成的聯軍滅唐國，蓋報復其從吳伐楚。

另一部吳軍（子胥率）在雍澨（今湖北京山），打敗楚軍，但秦師援軍趕到又敗吳軍，吳軍被迫困守在麇（今湖北安陸縣），楚軍打算用火攻，焚麇城，但子期和子西有不同意見，「左傳」曰：

吳師居麇，子期將焚之，子西曰：「父兄親暴骨焉，不能收，又焚之，不可。」子期曰：「國亡矣，死者若有知也，可以歆舊祀，豈憚焚之。」焚之而又戰，吳師敗，又

戰于公壻之谿，吳師大敗。（註二七）

子期之意「亡國失眾，存沒所在，又何殺生以愛死，死如有知，必將乘煙起而助我。如其無知，何惜草中之骨。」（註二八）顯然子西從「感性思考」，子期從「理性思考」，利弊分析後還是採取火攻麇城較佳，吳軍連戰都敗，公壻之谿（今湖南岳陽）一戰亦敗。

從秦楚聯軍以來，吳軍多敗，除部隊士氣紀律外，吳軍兵力劣勢也是原因。越侵吳都、夫槩僭立、闔閭回軍攻夫槩，都分別自楚境內分割一部兵力回國，由於這些「內亂外患」，導至戰事一再失利。

柒、吳軍轉進回國

吳軍雖屢戰屢敗，所幸兵卒傷亡不大，伍子胥亦因「久留楚求昭王不去」，還想重整軍旅再戰，但孫子表示不同意見，「吳越春秋」曰：

子胥等相謂曰：彼楚雖敗我，餘兵未有所損我者，孫武曰：吾以吳干戈西破楚，逐昭王而屠荊平王墓，割戮其屍，亦已足矣。子胥曰：自霸王已來，未有人臣報讎如此者

也，行去矣。（註二九）

顯然孫子是不同意伍子胥這樣的報仇行為，吳軍伐楚入郢十個月以來，吳王等人只關心如何「以班處宮」及如何復仇，而對如何處理楚國政權卻只有孫子一人在操心。此應孫子最大的不滿，所以孫子認為此刻不應再戰，應即班師回國。伍子胥因父兄之仇已報，較能平靜處事，深覺孫子所言有理，吳軍乃轉進回國。

吳軍轉進回國的路線何在?古籍並無明確記載，但從「左傳」記錄判斷，吳軍在麇城戰敗，楚軍一路追擊到南方的公壻之谿，吳軍又大敗，才轉進回國，故吳軍轉進路線，最有可能沿長江東出回國。（註三十）

正當吳軍撤兵回國，有二件事情發生顯示楚人氣節，吳人不得不歸，吳軍俘獲楚大夫闔輿罷，囚之準備帶回國內，闔輿罷請求自己先走，表示投向吳國之意，途中藉機脫逃又回到楚國；另一件事，吳軍入郢城之初，虜獲后臧（沈尹戌之子）母子，后臧與母親一直被扣留在吳軍手中，待吳軍將歸，后臧自己脫逃出來，未將母親也帶回，他哥哥葉公諸梁從此再不正眼看他。（註三一）

捌、結語

本章研究吳軍大敗楚軍於郢城後，到吳軍回國這十個月內，在吳楚及當時國際環境的變化，發現吳王打敗楚軍後卻無力治楚，君臣在楚的許多作為（如以班處宮、鞭平王屍）都喪失楚人民心，引起楚國愛國志士到處呼號奔走，進行復國運動，軍民齊聲響應，才能在短短的十個月中完成復國。

當然，楚人的民族氣節亦是維持國家不亡的基本動力，從作戰全程中只發現有吳人（夫槩）叛變投降之事，並未發現有楚國軍民投降情事。假如吳王闔閭能採納孫子的建議，立吳公子羋勝為楚王，使楚政權能在「全國」的理念下常態發展，相信結局會比較樂觀，孫子對環境實務的觀察、分析、判斷，顯然具有非常之理性與前瞻。

◆註釋

註　一：晉。杜預注，春秋經傳集解（台北：新興書局，七十年六月），頁三七八。

註　二：李宗侗，春秋公羊傳今註今譯，下冊（台北：商務印書館，六十二年五月初版），頁五八二。

註　三：趙曄撰，徐天祐注，吳越春秋（台北：商務印書館，七十六年十月臺一版），頁六九。

註　四：同註一。

註　五：司馬遷，史記（台北：宏業書局，七十九年十月十五日再版），頁二一七七。

註　六：同註三。

註　七：同註三書，頁七〇。

註　八：同註七。

註　九：同註五書，頁二一八三。

註　十：同註五書，頁一四六七。

註十一：當楚平王七年（前五二二年）時，費無極誣陷太子芈建謀反，應將芈建及其老師伍奢父子全都殺掉，子胥與芈建先後逃亡到宋國，又逃到鄭國，因芈建涉及政治案件，被鄭定公殺害，伍子胥帶著芈建的兒子芈勝奔吳，當時芈勝四歲，伐楚入郢時應已二十歲的青年，伍子胥保住他的生命，若他能立為楚王，應是一個親吳政權（至少沒有威脅）。李震，中國歷代戰爭史話（台北：黎明文化出版公司，七十四年十月），頁五一。

註十二：同註三。

註十三：文崇一，楚文化研究（台北：東大圖書公司，七十九年四月），頁一一六～一一七。

註十四：轉用「穀梁傳」說，任映滄，歷代中興復國史述要（台北：正中書局，五十年四月台初版），頁一一八。

註十五：袁少谷，左傳詳釋（台北：五洲出版社，六十年四月一日），頁七二五。

註十六：同註十四。

註十七：楚之地下游擊武力判斷，參考中國歷代戰爭史，第二冊（台北：黎明文化出版公司，六十九年四月版），第二卷，第十五章；左傳詳釋，定公二至五年記載及其註釋。

註十八：同註十五書，頁七二六。

註十九：同註十五書，頁七二四。

註二十：同註十九，「無衣」是秦國軍歌，是描寫秦襄公護周平王東遷（前七七〇年），秦襄公一生都勤王救周，為周王興師，到秦哀公（前五〇六年）為申包胥唱這首歌，作為回答，該詩三章，每唱一章，申包胥本來只要一拜答禮，而今他每章三頓首，一共頓首叩了九個頭，這樣才求到救兵，「無衣」詩：

豈曰無衣？與子同袍，王于興師，脩我戈矛，與子同仇。

豈曰無衣？與子同澤，王于興師，脩我矛戟，與子偕作。

豈曰無衣？與子同裳，王于興師，脩我甲兵，與子偕行。

另見裴溥言，詩經，上冊（台北：時報文化出版公司，七十六年元月十五日），秦風。

註二一：同註三書，頁七二。

註二二：同註二書，頁五八二～五八三。

註二三：史記，越王句踐世家「正義」注：越侯傳國三十餘葉，歷殷至周敬王時，有越侯夫譚，子曰允常，拓土始大，稱王，春秋貶為子，號為於越。

註二四：李震，中國歷代戰爭史話（台北：黎明文化出版公司，七十四年十月），頁五一。

註二五：附圖十三繪圖依據。

（一）中國歷代戰爭史，第二冊，附圖二—四二。

（二）國防部史政局，中國戰史大辭典，戰役之部，台北：七十八年六月三十日，頁二三～二四。

（三）左傳詳釋，定公五年記載及注。

註二六：同註十五書，頁七二五，文中「左傳」所稱「夫概王」，在沂、軍祥作戰時實尚未稱王，這是左丘明寫「左傳」時，事後的稱呼。

註二七：同註十五書，頁七二五。

註二八：同註三書，頁七三。

註二九：同註三書，頁七三～七四。

註三十：同註十五書，頁七二五。

註三一：葉公諸梁、后臧都是楚左司馬沈尹戌之子，葉公諸梁即葉公子高。葉（音ㄕㄜˋ），楚邑，今之河南葉縣南三十里有古葉城，左傳詳釋，頁七三四。

第七章

吳楚戰後檢討

壹、前言

從孫子於吳王僚十二年（前五一五年）見闔閭，積極介入伐楚之戰，率領吳軍連敗楚軍，為吳楚大戰八十年寫下完結篇，以當時吳之新興小國能大敗強楚，但卻在佔領楚都十個月之後，又敗於秦楚聯軍，不得已再轉進回國。吳國先勝後敗，楚之先亡又迅速能復國，其間有諸多因素均可從「伐楚入郢」之戰找到因果關係，故本章將從戰略及其次級階層，來檢討這場戰爭。

首先對檢討的標準做一概括之規範。所謂「戰略」，西方最早在第六世紀時，是拜占庭的毛萊斯皇帝（Emperor Maurice）用來訓練軍事指揮官的一本教科書，叫做Strategicon等

於中文的「為將之道」，也是我們今天所用的 Strategy（戰略）一詞的來源。我國使用「戰略」一詞的書籍，最早是唐朝魏徵主編的「隋書」經籍志第三卷，所列兵書一百三十三部的目錄中，其中有一部兵書名叫「戰略」，計二十六卷。該書作者為隋朝大將軍金城公趙煚，此為我國最早使用「戰略」一詞的時間。（註一）東西方對戰略一詞的使用雖有久遠的歷史，但對其定義則歧見甚多、混淆不清。故對戰略一詞的定義宜採官方所訂，此為民國五十七年由余伯泉和蔣緯國將軍所擬訂，先總統　蔣公核定之：

戰略爲建立力量，藉以創造與運用有利狀況之藝術，俾得在爭取同盟國之目標、國家目標、戰爭目標、戰役目標或從事決戰時，能獲得最大之成功公算與有利之效果。（註二）

根據戰略的定義中，所建立和運用的力量，以及所爭取的目標不同，戰略又分四個階層：

（一）大戰略：建立並運用同盟力量，爭取同盟目標者。

（二）國家戰略：建立並運用國力，爭取國家目標者。

（三）軍事戰略：建立並運用三軍之軍事力量，以爭取軍事目標者。

（四）野戰戰略：運用野戰兵力，以爭取戰役目標，或從事決戰，而支持軍事戰略者。

將戰略做如此定義及階層區分，完全是現代軍事概念，採用明確的概念來區分，幫助我們檢討吳楚大戰中孫子實戰這部份，較易於獲得完整而有系統的印象，此亦社會科學研究過程中，較佳之方法。

貳、吳楚「大戰略」比較檢討

「大戰略」是指一個國家，在國際上建立並運用同盟力量，爭取同盟目標，故國家在制訂或執行大戰略時，所須考慮要項有：

（一）依當前國際情勢及預判其未來可能發展趨勢，決定聯盟那些國家？建立對本國最有利的國際關係。

（二）那些國家必須考慮優先支持，若同時有兩個以上國家，可能顧及優先順序。

（三）如果所要擊滅的敵對國家有兩個以上，應適當決定優先擊滅目標，何者先「交」？何者先「攻」？

（四）為孤立敵國或其集團，打擊其民心士氣，破壞其同盟，封鎖其經濟與貿易，所應採取的政策與措施。

從此四個範疇，可以檢視國家執行其大戰略情形，但從現存史料觀察，不易找到古代國

家有如此完整的「大戰略計畫」，惟可以從當時參與國際活動情形，窺豹一斑，瞭解大戰略對吳楚兩國戰爭勝敗可能之影響。

一、吳、楚參與國際會盟

當孫子率領吳國軍隊伐楚時期，吳、楚大戰略可以從國際會盟情形，理出一些可以觀察的訊息。

（一）吳國參與國際會盟：

伐楚入郢之前吳國參與的國際會盟有五次，集中在吳壽夢與諸樊兩代。會盟原因大多是列國諸侯謀求「聯吳制楚」之策（如附表四（註三）），該會盟雖然下距孫子介入吳楚大戰有數十年之遙，但卻是形成吳伐楚有利的國際環境。孫子之所以奔吳，又能率領吳軍以小搏大，以寡擊眾，這個有利的大環境應有其影響力。

（二）楚國參與國際會盟：

楚國參與國際會盟比吳國早很多，但從晉聯吳制楚後，有三次重要的弭兵之會（如附表五（註四）），尤其在第三次弭兵會議之後，晉楚成休兵狀態，楚國的國際活動轉對吳的反制，並斷吳通往上國之道。從參加楚國會盟的諸侯看出，許多國家在二十年前才參與「聯吳制楚」會盟，今又參與楚國反制吳國的會盟，一方面顯示小國身不由己的處境，二方面也顯

附表四：吳國參與諸侯會盟年表

年代	會盟國	會盟	地點	原因
吳壽夢十年（前五七六年）十一月	晉、齊、魯、宋、衛、鄭、邾、吳	會	鍾離	諸侯懼楚
壽夢十八年（前五六八年）夏	吳、魯、衛	會	善道	聽諸侯之好
壽夢十八年（前五六八年）秋	晉、魯、宋、陳、薛、齊、衛、曹、莒、邾、滕、吳	盟	戚	制楚
壽夢廿二年（前五六三年）	晉、魯、宋、衛、曹、莒、邾、滕、薛、杞、小邾、齊、吳	會	柤	謀制楚
諸樊二年（前五五九年）正月	晉、魯、齊、宋、衛、鄭、曹、莒、邾、滕、薛、杞、小邾、吳	會	向（鄭地）	謀制楚

示當時國際環境的詭變。

從吳楚兩國參與國際會盟情形看，吳之會盟多在西元前五五九年之前，其後未有；楚之會盟則集中在西元前五四六年以後，這種現象可以解釋為吳楚爭戰到了後期，國際間到處醞釀聯合抗楚或伐楚的聲音，楚國已經沒有參與國際活動的空間（楚自靈王八年陳之會後，到昭王失國都未參加國際會盟）。而吳國可能認為各國已在謀求抗楚，不必再介入，應待機攻楚，這段期間國際上有多次聯合抗楚的會盟就是明證，規模較大者有三次。

附表五：楚國參與諸侯會盟年表

年代	會盟國	會盟	地點	原因
共王十二年（前五七九年）	晉、楚、宋	會	宋	第一次弭兵會
康王十四年（前五四六年）夏	晉、楚、魯、蔡、衛、陳、鄭、許、曹、宋	會	宋	第二次弭兵會
郟敖四年（前五四一年）春	晉、楚、齊、魯、宋、衛、陳、蔡、鄭、許、曹	盟	虢	第三次弭兵之盟
靈王三年（前五三八年）夏	蔡、楚、陳、鄭、徐、許、滕、頓、胡、沈、小邾、宋、淮夷	會	申	謀斷吳通上國之路
靈王八年（前五三三年）春	楚、魯、宋、鄭、衛	會	陳	靈王在陳，諸侯往會

第一次：魯昭公十一年（前五三一年）秋有晉、齊、魯、宋、衛、鄭、曹、杞共八國在厥慭（公羊作屈銀）之會。因楚圍蔡，晉會諸侯謀救蔡，但畏楚不敢救，已而楚滅蔡，晉霸已衰，無能為力。

第二次：魯昭公十三年（前五二九年）八月，有晉、齊、魯等共十三個大小國，在平丘（衛地）之盟，欲乘楚靈王弒逆之禍攻楚，事無結果。

第三次：魯定公四年（前五〇六年）春，有晉、魯等十八國聯軍「召陵之會」，謀救蔡

伐楚，未果。後使救蔡伐楚之功歸於吳，乃有柏舉之役。（註五）

二、吳、楚滅國情形

春秋時代強凌弱、眾暴寡，彼此吞滅之風甚熾，小國以彈丸都邑，地寡力微，以小事大。大國則以武力為後盾，相機併滅弱國，擴張城池，如晉併滅有二十餘國，楚併滅高達四十餘國，「江漢之間，小國皆畏之」；吳併滅四國，滅期都在伐楚入郢前數年，蓋已在大舉伐楚之緒戰時期，惟僅計吳楚在爭戰這一段期間，楚亦併滅八國（如附表六（註六）），概約平均每八年就有一個國家被楚國滅掉。表中

附表六：被吳楚併滅國家

	國名	國都（今地）	滅期
楚	陳	宛丘（河南淮陽）	陳哀公卅五年（前五三四年）
楚	蔡	（河南上蔡）	蔡靈十二年（前五三一年）
楚	賴	賴亭（河南商城）	魯昭公四年（前五三八年）
楚	鄀	湖北宜城	魯定公五年（前五〇五年）
楚	唐	（湖北隨縣北）	魯定公五年（前五〇五年）
楚	舒庸	（安徽舒城東）	魯成公十七年（前五七四）
楚	舒鳩	（安徽廬江西）	魯襄公廿五年（前五四八年）
楚	房	（河南遂平）	魯昭公十二年（前五三一年）
吳	鍾吾	（江蘇宿遷西北）	魯昭公廿七年（前五一五年）
吳	鍾離	（安徽臨淮東）	魯昭公廿四年（前五一八年）
吳	巢	（安徽巢縣東）	魯昭公廿四年（前五一八年）
吳	徐	（安徽泗縣北）	魯昭公三十年（前五一二年）

陳、蔡兩國且有二次併滅之記錄，蔡國於首次被滅後二年又復國，到楚惠王四二年（前四四七年）又滅於楚；陳國於此次被滅後五年又復國，到楚惠王十一年（前四七八年）亦滅於楚，可見在吳大舉伐楚之前，各國不但醞釀聯合攻楚，因楚滅國太多，江漢各小國均畏楚，就整個大戰略態勢乃形成對楚不利，對吳有利。

三、吳、楚外交訪問活動

從吳楚柏舉之役前三十年開始，楚國除了參與第三次弭兵之會（前五四一年），及對附近國家如徐、吳、陳等不斷攻伐外，並無國際上的親善訪問。

反觀吳國在此同一期間，有一偉大的外交家吳季札，出使訪問上國，為吳國樹立了很好的國際形象，季札是吳王壽夢的第四子，多次讓國高風傳為佳話，吳餘祭四年(前五四四年）出使上國做親善訪問，先後到魯、齊、鄭、衛、晉、徐等國，與當時各國重要政治人物如晏子、魏起、蘧瑗、子產等，談論治國要道，觀天下大勢趨向。魯襄公特為季札演奏上國音樂，季札逐一提出評論。此期間吳國完全沒有參加國際會盟活動，但季札的親善訪問使吳國的國際聲望提高。尤其當吳闔閭取得政權（前五一五年），季札出使外國，及其返國見局勢已定，他說：

苟先君無廢祀，民人無廢主，社稷有奉，乃吾君也。吾敢誰怨乎？哀死事生，以待天命，非我生亂，立者從之，先人之道也。復命，哭僚墓，復位而待。（註七）

按吳季札之態度，後世史家有頗不以季札讓國之事為然，以為適經而未能達權。漢桓譚以「吳之篡弒滅仁，釁由季札。」唐獨孤及以「季子執禮全節，使國篡君弒，非仁……國之覆亡，君實階禍。」近人錢穆先生則謂「以後事之禍福，逆繩前人之節義，非通方之論也。」（註八）所幸歷史對季札還是肯定的，身後孔子為他在墓前石銘題曰：「烏乎！有吳延陵君，子之葬。」蓋因季札封於延陵（今江蘇丹陽南），故號「延陵季子」。太史公亦曰：「陵季子之仁心，慕義無窮，見微而知清濁。嗚呼，又何其閎覽博物君子也。」（註九）以這樣的外交人才，正當吳伐楚大戰前，他出使各國做外交親善訪問，對吳之國際戰略態勢乃形成有利局面。

環顧對吳有利的國際情勢，孫子於闔閭召見後（吳王僚十二年，前五一五年），君臣擬訂出一套「大戰略計畫」，先伐鍾吾、徐國，再伐越，繼之大軍伐楚，至吳闔閭六年（楚昭王七年，前五〇九年），楚令尹囊瓦無理軟禁唐、蔡國君，遭致十八國聯軍「召陵之會」，此實楚國大戰略上最大敗筆，乃有吳、唐、蔡三國聯軍伐楚入郢之役，使昭王出逃。

但當吳王君臣佔領郢城之後，吳楚兩國的國際關係為之互換，轉而對楚有利，對吳不

利，戰前參與「召陵之會」的鄭國變成維護楚昭王，隨國收容楚王，越國戰前臣服吳國，卻藉機偷襲吳都，而秦國出兵救楚，此種局勢之逆轉，應與吳王在郢城的「以班處宮」有關。而申包胥在秦國宣揚「吳為封豕長蛇，以荐食上國。」（註十）也對吳國的國際形象產生很大破壞力，當是時，晉以「弭兵之會」為由不便助吳攻楚，戰前主張伐楚的齊、魯等十八國，亦無一出面替吳國解危。此種情形可以看出，國際之現實其實古今中外皆然，從大戰略觀點看，吳國的大戰略計畫也不是成功的，蓋國家的大戰略是長遠全程之規劃，不能只顧眼前有利，事過境遷又要付出慘痛代價。

參、吳楚「國家戰略」比較檢討

「國家戰略」在建立並運用國力，爭取國家目標，藉以創造與運用有利狀況，俾得在爭取國家目標時，能獲最大成功公算及有利狀況。國家戰略所建立及運用的「國力」，包含近代國家所發展出來的「政治力、經濟力、心理力、軍事力」，通稱「四大國力」。孫子在他的兵法「始計篇」中提到五事「道、天、地、將、法」，道、將、法三者就是建立國力的範圍，「道者，令民與上同意；將者，智、信、仁、勇、嚴也；法者，曲制、官道、主用也。」（註十一）故一個國家考量其國家戰略時，建立與運用國力之要項如次：

(一) 政治力：

建立並運用政治力量，爭取政治目標，盡諸般方法，維持國家政治安定及發展，鞏固內部團結，做到「令民與上同意」，爭取全民支持。

(二) 經濟力：

建立並運用經濟力量，爭取經濟目標，盡諸般方法，建立國防及民生工業基礎，厚植國力，早期規劃戰備，運輸路線。

(三) 軍事力：

建立並運用軍事武力，爭取軍事目標，首在決定戰爭最終之目的，例如對戰敗國將怎樣處置的問題，選用忠貞穩健，暢曉天下大勢、熟諳韜略兵法，深明建軍用兵的將相人才，積極進行建軍備戰。

(四) 心理力：

建立並運用心理力量，爭取心理目標，藉教育、宣傳及其他措施，使全國上下對敵國產生同仇敵愾心理，對象是敵國的領導階層，而不是敵國一般國民；同時破壞敵國民心士氣。

一、吳、楚建立與運用政治力之檢討

吳楚兩國在凝聚與運用政治力方面，有明顯的差距，楚國內政治鬥爭不斷，吳國君臣則

能團結和諧，在吳楚大戰之前期，造成對楚不利，對吳有利的政治環境，論證如下：

（二）楚國政治力：

楚國在共王時期為全盛時代，但經康王、郟敖之後，到靈王、平王時期，政治轉趨腐敗黑暗。靈王是被自己的軍隊遺棄，自縊而死，平王則搶走自己兒子的老婆，殺害良臣，盡用小人當政。「國語」曰：

今子常（囊瓦），先大夫之後也，而相楚君無令名於四方。民之羸餒，日已甚矣。四境盈壘，道殣相望，盜賊司目，民無所放，是之不恤，而蓄聚不厭，其速怨於民多矣……期年，乃有柏舉之戰，子常奔鄭，昭王奔隨。（註十二）

楚自靈、平無道，囊瓦為令尹時期（平王十年，前五一九年——昭王十年，前五〇六年戰敗奔鄭），此期間正是伍子胥積極策動伐楚，孫子率吳軍大破楚軍，「國語」的記載正說明楚國長期政治黑暗，與郢城淪陷，昭王出逃有直接的「必然關係」、「吳越春秋」曰：

夫費無極，楚之讒口，民莫知其過，今無辜殺三賢士（伍奢，伯州犁，郤宛），以結怨於吳，內傷忠臣之心，外爲鄰國所笑……國有事，子即危矣。（註十三）

因費無極誣陷，楚平王不但「殺子奪媳」，也殺害楚之忠良，造成國家的危亡，「積貨滋多，蓄怨滋厚，不亡何待？」（註十四）這亦是政治黑暗與國家衰亡的「必然關係」，當領導階層的重要政治人物，弄玩權力，貪財好色，則不僅政治動盪，人民蕩析離居，所謂「令民與上同意」乃完全落空。故楚在戰前政治力之建立與運用，已暴露其必然之敗象。

但郢城淪陷之後，楚國的政治力開始「反敗為勝」，蓋此時無道的靈、平王早已死了許多年，費無極及其族人已經受誅以平息民怨，敗軍之將囊瓦已逃鄭國。此時楚令尹是子西（公子申），他是昭王庶兄，與王奔隨，其他重要政治人物，如鬥辛、王孫由于、王孫圉、鍾建、鬥巢、申包胥、王孫賈、宋木、鬥懷等人，都是熱血忠貞之士，對政治力之建立與運用有利，當然對「令民與上同意」定有正面效應，凡此對楚國政治力之建立與運用上，轉趨有利，乃能在郢城淪亡後，迅速凝結朝野政治力，運用於反抗吳軍，進行復國運動。

（二）吳國政治力

吳國政權在闔閭之前，有王僚、夷昧、餘祭、諸樊、壽夢等國君，並未發生逆弒自立情形，且有吳季札三度讓國之風，數十年政治上的安定，蓄積較佳的政治力。直到闔閭殺僚自立，是吳國第一次有政變。但闔閭取得政權後，吳季札自上國訪問歸國，表示「哀死事生、以待天命。」復命，哭僚墓，復位而待，即對闔閭政權表示支持，顯然政變沒有引起政治分

裂或鬥爭，加上有伍子胥、孫子的輔佐策劃，迅速消滅潛在反對勢力（王僚所信任的三位公子：慶忌、掩餘、燭庸），君臣共同為伐楚大業而努力。「吳越春秋」上伍子胥與闔閭論治國之道：

臣聞治國之道，安君理民是其上者，闔閭曰安君治民其術奈何？子胥曰凡欲安君治民，興霸成王，從近制遠者，必先立城郭，設守備，實倉廩，治兵庫，斯則其術也，闔閭曰善。（註十五）

可見闔閭取得政權後，確實致力於國家建設，君臣團結上面，「國語」形容當此時的闔閭，「口不貪嘉味，耳不樂逸聲，目不淫於色，身不懷於安，朝夕勤志，卹民之羸，聞一善若驚，得一士若賞，有過必悛，有不善必懼，是故得民以濟其志。」（註十六）此處亦發現吳國在建立政治力上的「必然關係」，國君能禮賢下士，苦民之苦，則「得民以濟其志」，此亦「令民與上同意」。這正是中國歷史上常有的非法取得政權，經合法性基礎的建立，成為合法政權的過程。

但當吳軍奪取郢城後，在政治力的凝結上卻「反勝為敗」，有兩件事情對吳國君臣內部團結產生很大傷害，因而造成政治分裂。其一、秦楚聯軍反攻，闔閭弟夫槩戰敗，乃潛歸自

立為吳王，闔閭聞之乃釋楚師，欲殺夫槩。後夫槩戰敗奔楚。其二、闔閭一反常態不再重用人才，例如伐楚作戰之前對伍子胥、孫子的建議，幾乎「言聽計從」，誅殺掩餘、燭庸後闔閭欲直接伐楚，孫子認為時機未到，闔閭接受孫子的建議。但進入郢城之後，孫子建議封楚太子芈勝為楚王，解決政權問題。（註十七）闔閭對孫子建議並未採納，亦未採取有效辦法，凡此都對政治力的建立與運用產生極大殺傷力，應是吳國由勝轉敗的關鍵。

二、吳、楚建立與運用經濟力之檢討

就一般經濟基礎而言，從現存史料來看，大體是楚國較佳。可能是楚之建國開發較早，按楚武王元年始建（周平王三十年，前七四一年）；吳建國於壽夢元年（周簡王元年，前五八五年），算到郢城大戰之年（前五〇六年），楚已建國二百三十五年，吳才建國七十九年，尤其古代國家之發展與開拓，都是自然漸進方式，開發較長久則有較佳的基礎。

（一）楚國經濟力：

在農業生產方面，已發展出集體耕作的「耦耕制」；對農田耕種已知道採定期休耕的「田萊制」，重要農作有水稻、蠶桑、種蔴、牛羊等，為提高農業生產，楚國在孫叔敖為令尹（楚莊王十年，前六〇四年——莊王廿三年，前五九一年）時代，已經建築水庫以「灌雲婁之田」。（註十八）手工業、商業也很發達，絲、麻之類的紡類品，皮革、琉璃等，到春秋

末期也很普遍。可見楚國當時已經是物產豐富，工商發達，如「史記」貨殖列傳所說：

江陵故郢都，西通巫、巴，東有雲夢之饒，陳在楚夏之交，通魚鹽之貨，其民多賈……豫章出黃金，長沙出連錫，然菫菫物之所有，取之不足以更費……是故江、淮以南，無凍餓之人。（註十九）

與國防工業有關的產品，以戰車和戰船為最重大的國防事業，作戰常用兵器，目前已發現有鏃、劍、矛、戟、匕首、刀、鏢等，銅製和鐵製都有。（註二十）由這些一般性基礎經濟活動看，楚國確實有雄厚的經濟力，可惜在靈王、平王時代因資源過度浪費，經濟基礎動搖，日趨於殘破，如「國語」楚語所言：

今君爲此臺（章華臺）也，國民罷焉，財用盡焉，年穀敗焉，百官煩焉，舉國留之，數年乃成……民實瘠矣，君安得肥？（註二一）

楚雖物產豐富，但也經不起貪官長期的貪污浪費，如費無極、囊瓦者流，囊瓦身為楚國最高行政長（令尹），亦向唐、蔡國君索賄，其他政府官員可想而知，這就是導至楚國經濟力衰敗的根本原因。

（二）吳國經濟力

吳國土地大體是今之長江三角洲平原，地區之內河渠縱橫，尤其吳闔閭取得政權後，自梅里遷都姑蘇（今之蘇州）。此處民殷物豐，自古為財賦淵藪。「史記」貨殖列傳曰：「夫吳闔閭、自春申、王濞三人招致天下之喜游子弟，東有海鹽之饒，章山之銅，三江、五湖之利，亦江東一都會也。」（註二二）可見吳國經濟力的天然條件甚佳，但一直到闔閭取得政權之時，吳國在農業、經濟上似未有讓人滿意的基礎，「吳越春秋」闔閭與子胥有一段討論農業建設的問題：

> 吾國僻遠，顧在東南之地，險阻潤濕，又有江海之害，君無守禦，民無所依，倉庫不設，田疇不墾，爲之奈何？（註二三）

吳國雖有富饒的天然資源，但到闔閭取得政權之時並未積極開發、建設，「吳越春秋」闔閭所問就是明證。闔閭重用伍子胥、孫子後，為進行伐楚大業，才積極建設「立城郭、設守備、實倉廩、治兵庫」，當然這已是全面性的國家建設，而不止於經濟建設。在吳王君臣大力建設下，吳國經濟力大幅提昇，尤其與經濟力有關的「軍火工業」鼎盛一時，「吳越春

秋」描述當時情景：

> 請干將鑄作名劍二枚，干將者，吳人也，與歐冶子同師，俱能爲劍。越前來獻三枚，闔閭得而寶之，以故，使劍匠作爲二枚，一曰干將，二曰莫耶。莫耶，干將之妻也，干將作劍，采五山之鐵，精六合之金英，候天伺地，陰陽同光，百神臨觀……使童男童女三百人，鼓橐裝炭，金鐵刀濡，遂以成劍。（註二四）

從闔閭元年（前五一四年），到孫子率軍北伐（闔閭三年，前五一二年）有三年時間，若算到大舉伐楚（前五〇六年）則有九年多時間，此期間應是吳國建立雄厚經濟基礎時期；此與楚國經濟力之衰敗，正好成為鮮明之對比，為吳伐楚之有利條件。

三、吳、楚建立與運用軍事力之檢討

軍事力的建立及運用，包含建軍備戰、軍事目標、軍事將才選用。此在本書其他章節已有先後提到，吳、楚雙方軍事力在郢城失陷前後各有消長。

（一）吳國軍事力：

在建軍方面，吳國採用晉制，晉同周制，屬「輕裝編制」，每兵車為一乘，輔以步兵七十五人，其中有甲士三人（即軍官），卒七十二人，外加勤務人員廿五人，合計每乘為百人。（註二五）部隊層級採「軍旅行三級制」（詳見第二章），國有三軍，每軍一萬一千二百人；每軍下轄十旅，每旅一千一百一十人；每旅下轄十行，每行一百一十人。

軍事目標爭取，吳以「殲滅楚軍，奪取郢城」為首要目標，這個目標從闔閭取得政權，先後有伍子胥、伯嚭、孫子等人加入協助達成目標，直到目標奪取，其間君臣目標一致，未曾動搖，這是吳軍能夠連戰皆捷，順利佔領楚都郢城的原因。但在佔領郢城之後，楚軍已被殲滅，伍子胥父兄之仇已報，闔閭弟夫槩圖自立為王，而孫子對政局心灰意冷，闔閭沉醉在楚國的美女身上，吳軍存在之目標在那裡？目的何在？可以說軍事目標已完全喪失。故退出郢城，班師回國已是必然結局。

軍事將才的選用，吳國以重用孫子為戰爭勝敗的最大關鍵，回顧當孫子斬吳王愛姬時，吳王大不悅，孫子責吳王「好其言而不用其實」，此時若非伍子胥極力推荐，孫子恐無機會登上歷史舞台，成為千古不朽的名將，「吳越春秋」曰：

> 子胥諫曰：臣聞兵者凶事，不可空試，故爲兵者，誅伐不行，兵道不明，今大王虔心思士，欲興兵戈以誅暴楚，以霸天下而威諸侯，非孫武之將而誰能涉淮踰泗，越千里而戰者乎，於是吳王大悅，因鳴鼓會軍，集而攻楚，孫子爲將。（註二六）

由此可見孫子重用與否，事關伐楚大業的成敗，也是率領吳軍「涉淮踰泗越千里而戰」，能夠「保證成功」的唯一將才，入郢之前，孫子受吳王重用，吳軍所向無敵；入郢之後，吳王未重用孫子及其有關建議，孫子對闔閭、子胥等人之行為亦不能同流，這些對軍事力的凝聚都有很大傷害，種下爾後敗於秦楚聯軍之源因。

（二）楚國軍事力：

在建軍方面，楚採「重裝編制」，每兵車為一乘，輔以步兵一百五十人，外加勤務人員五十人，計為每乘為二百人。（註二七）楚國在蔿掩的政治改革時（康王時代），已完成軍隊指揮系統的建立，並將軍隊分成車兵、步兵、甲兵三種。到吳楚大戰時，楚國正規軍是二十萬，吳國是三萬三千。

軍事目標的爭取，在郢城失陷之前，因受大戰略之影響，不能直接由晉北進中原，而須改道東出淮泗，再間接問鼎中原。第一個軍事目標就是打敗吳軍，但到康王、郟敖、靈王時代，就已經無力追求這個目標而轉攻為守，到平王淫亂，權在囊瓦、費無極等讒臣之輩，這個軍事目標其實已經喪失，軍隊不知「為誰而戰？為何而戰？」成為個人政治鬥爭的工具。我們從吳楚大戰經過看，史皇、武城黑、囊瓦都為個人政治利益，擅改原訂的作戰計畫，囊瓦軍被殲滅，薳射軍隔岸觀火不救，這些都是軍事目標喪失，軍事力衰敗後才有的現象。

到了郢城淪陷之後，昏君讒臣已經不在，換上一批忠臣孝子及有為之君，在整個國家目標指導之下，軍事目標極為鮮明——打敗吳軍，驅離楚境，對楚國人來說，這是必然可以獲致的戰果。

軍事人才的選用，楚國以令尹掌兵權，又以令尹囊瓦為吳楚決戰主帥，但這個安排顯係受到吳國「謀攻」之計，才用貪財無能的囊瓦為主帥。「吳越春秋」曰：

> 使孫武、伍胥、伯嚭伐楚，子胥陰令宣言於楚曰，楚用子期為將，吾即侍而殺之，子常（囊瓦）用兵，吾即去之，楚聞之，因用子常，退子期。（註二八）

子期者，楚平王之子，保護昭王逃出郢城，並參與楚國地下游擊武力襲擾吳軍，共同完成復國運動，顯然子期是忠貞之士，可惜楚國領導階層已失去自由判斷的意志力，追隨吳國領導階層之意志。

四、吳、楚建立與運用心理力之檢討

在國家戰略階層內的心理力，首要建立及運用的就是民心，使人民擁護領導中心，支持所要遂行之戰事，並對敵國產生同仇敵愾之心。吳、楚兩國當時並無專從這方面進行「心理

戰」，只能從某些措施看出部份端倪，以判斷民心向背之依據。

（一）吳國心理力：

闔閭「非法」取得政權後，當務之急是如何使政權「合法化」，乃開始以仁政為號召，蓋仁政是中國歷史上各朝代當權者及政治思想家，所公認最理想的政體，最能獲得民心支持。「吳越春秋」闔閭內傳曰：

> 闔閭元年始任賢使能，施恩行惠，以仁義聞於諸侯，仁未施，恩未行，恐國人不就，諸侯不信，乃舉伍子胥爲行人，以客禮事之而與謀國政。（註二九）

此處闔閭所顧慮「恐國人不就」，就是指民心支持而言，包含支持政權及所要遂行之戰爭。闔閭四年（前五一一年）圍楚之養邑，殺吳之亡將二公子掩餘、燭庸後，吳王本欲直接伐楚，孫子曰：「民勞，未可，待之。」（註三十）他的本意是指過度用兵，會喪失人民的支持程度，要繼續在施恩行仁上面下工夫，待獲取普遍民心支持後再發動戰爭。吳自建軍備戰開始，到伐楚入郢之戰，始終考慮到民心向背的問題，而以任賢使能，施行仁政為號召，故能獲取民心支持，對伐楚之戰自然是最有利因素。

（二）楚國心理力：

相同時期，楚國領導階層受到民心的支持程度應甚低，甚至民怨甚多，早在靈王時期就「不顧於民，一國棄之，如遺迹焉。」到平王時期，囊瓦為令尹，「民之羸餒，日已甚矣，四境盈壘，道殣相望，盜賊司目，民無所放，是之不恤，而蓄聚不厭，其速怨於民多矣。」（註三一）這是吳楚大戰之前，楚國一般民心民情的寫照。民怨即多，民無所依，達到「道殣相望」的程度，此在團結民心士氣，抵抗外力入侵時為最大之分化力量，心理力必難於凝聚。

當郢城淪陷後，吳楚兩國在心理力的建立與運用上，有相互逆轉之勢。在吳軍方面，郢城君臣在郢城的「以班處宮」政策，及子胥、伯嚭鞭平王屍，都對楚民心產生刺激作用，使楚人意識到團結對外的重要，在楚人方面，郢城失陷與昭王出逃，使楚國軍民警覺到國家即將淪亡的可怕，才轉而投向復國運動，在心理力的凝聚上產生很大效果，是楚軍轉敗為勝的重要因素。

本節從「國家戰略」階層，比較檢討吳楚兩國大戰前後，其政治、軍事、經濟、心理四種力量（即四大國力）的消長，綜合而言，入郢前對吳有利，對楚不利；入郢之後對楚有利，對吳不利。尤其在吳軍取郢城後，到底是否要追擊昭王以殲滅殘餘楚軍？對楚政權是保留？或是併滅？或以其他較佳方案處理，在吳國領導階層始終未獲具體共識，就「國家戰略目標」而言並未達成，最重要者，國家戰略要從政、經、軍、心四大國力做全般及長遠考

量，不光是著眼於當前戰爭之勝敗，亦不僅僅考量到當前國家戰略目標是否達成，而必須著眼於戰後，超越更久遠的時間，獲取國家永久的和平與發展。準此而言，吳國為謀伐楚而與越國結仇，不數年後（吳夫差二十三，四七三年）亡於越，吳國的國家戰略是失敗的。

肆、吳楚「軍事戰略」比較檢討

「軍事戰略」為建立武力，藉以創造與運用有利狀況，以支持國家戰略，俾得在爭取軍事目標時，能獲得最大之成功公算與有利之效果。國家策劃軍事戰略時，其必須考慮之要項有：

（一）戰爭目標。

（二）戰略構想（即攻守決定）。

（三）針對部隊編裝所須的後勤發展。

戰爭計畫與地略形勢也是軍事戰略考量要項，惟此二者已在第二章、第四章中專節討論，均為孫子戰略上之重點，其他尚有與國家戰略中的軍事力重疊部份，如建軍備戰、軍火工業、可用動員兵力、軍事指揮官選用等，在前面節已分別論及，本節不在贅述之。

一、吳、楚戰爭目標比較檢討

戰爭目標之決定，除最終必須武力攻略之目標外，通常依時間再劃分成若干階段，擬定中間目標（或稱階段目標），按其重要性依序奪取，以利奪取最後戰爭目標，此在吳國甚為明顯，在楚次之。

（一）吳軍戰爭目標：

當吳國發起緒戰，逐年完成伐徐、鍾吾、越、夷、養、六等初期目標，於大舉伐楚入郢之戰時，其戰爭目標如附圖十四，以郢城為最終目標，餘為中間目標，義陽三關為地形目標，蓋義陽三關為瞰制桐柏與大別兩山間之進出孔道，屬重

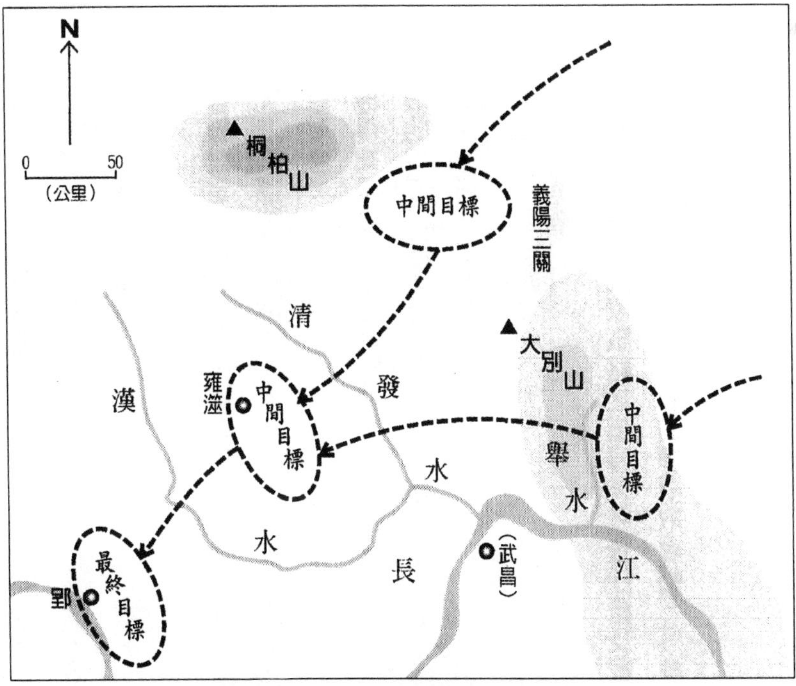

附圖十四：吳伐楚戰爭目標示意圖

要戰略地形要點，故吳軍列為優先奪取之中間目標，「吳闔閭選多力者五百人，利趾者三千人，以為前陣。」先期突擊義陽三關。（註三二）所謂「利趾」，乃指具有強行軍能力之輕步兵，以此三千五百輕步兵為前衛，搶攻三隘口，先佔地利。

（二）楚軍戰爭目標

柏舉之役初期楚軍並無中間目標與最後目標設定，只是沈尹戌囊瓦二人臨時決定，準備在漢水東岸合力殲滅吳軍。惟這個計畫被囊瓦及其部將武城黑等人擅自改變，故楚軍等於沒有即定戰爭目標，只靠臨時應變出擊，實難以取勝。

左司馬沈尹戌初期的狀況判斷很正確，他得知吳軍北路捨舟登陸，判斷吳軍可能要搶佔義陽三關，故沈尹戌將三隘口也列為優先奪取的地形目標，可惜他情報不靈，速度太慢，吳軍比沈軍先佔領該戰略要點，楚軍未戰就先喪失地利，形成戰略態勢上的不利。

二、吳、楚戰略構想（攻守決定）（註三三）比較檢討

在軍事戰略構想上，到底採守勢或攻勢作戰，通常依國家戰略之指導，考量任務及戰爭目標來做為攻守之決定。即不因兵力較敵軍為少而採守勢，也不因兵力多而取攻勢，吳楚大戰就是實例。

（一）吳軍戰略構想（附圖十五）

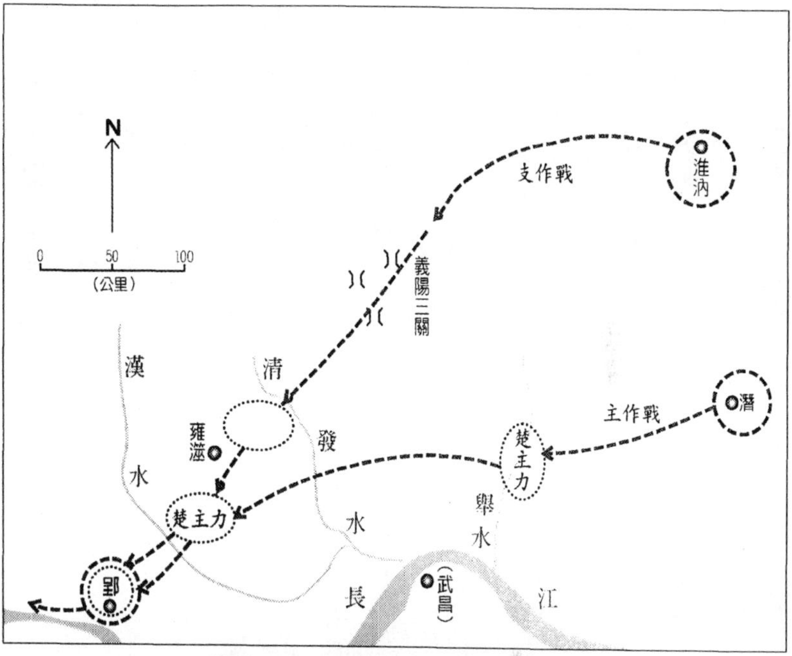

附圖十五：吳軍攻勢作戰構想程序圖

吳國於伍子胥、孫子、伯嚭等人參與決策之後，就開始對楚國主動採攻勢作戰，不因楚有二十萬大軍，吳軍三萬，而採守勢作戰，以劣勢兵力對優勢兵力採攻勢，尤其千里遠征，必須在兵力之外，取得其他優勢，例如從戰術、戰略上來形成優勢。吳軍依其即訂之戰爭目標，訂出攻勢作戰構想（如附圖十五），並能按即訂構想執行之，使作戰全程保持一貫，掌握主動，直到殲滅楚軍，奪取郢城為止，就軍事戰略而言，是一個成功的戰略構想。美中不足是奪取郢城後，吳王君臣只顧私仇與享樂，並未積極展開戰略追擊，一舉殲滅楚軍之殘餘，使楚軍有反攻機會。

（二）楚軍戰略構想：

楚國從雞父之戰（楚平王十年，吳王僚八年，前五一九年）後，轉攻為守，雞父（今河南固始）在淮河上游，大別山西北麓，為楚人由大別山直出淮河流域的戰略要地，楚軍在雞父大敗，吳奪其地，不僅可以驅逐楚在淮潁地區勢力，且控制附近各小國，如胡、陳、沈、頓、項、蔡、息、江、道等，全都納入吳國勢力範圍，故雞父之戰在地略爭奪上，成為爾後吳伐楚入郢的起點，自此之後楚軍在戰略構想上都採守勢作戰，楚軍雖採守勢作戰，但因政爭嚴重，終楚平王之世都沒有明顯而能始終一貫執行的戰略構想，即然沒有全程一貫的戰略構想，就成為「頭痛醫頭、腳痛醫腳」，種下郢城大敗之遠因。

三、吳、楚部隊編裝與後勤概況比較檢討

編裝與後勤都是依據戰略構想來建立，並須考量地略形勢之影響。即攻勢作戰就要建立攻勢裝備，組成攻勢部隊，守勢作戰亦同。

（一）楚軍編裝與後勤

戰車與戰船是當時楚國在軍事後勤上，重要手工業及國防事業。（註三四）故楚國建立的野戰部隊，水上以舟師為主，陸軍以車兵（戰車部隊）為主，此次吳楚大戰更是以車兵為主力，其證據有二：其一、囊瓦軍初圍蔡，與沈尹戌商訂由囊瓦率軍回漢水西岸列陣，因囊

瓦軍是戰車部隊，無法通行大別與桐柏兩山間各地，而必須西繞到桐柏山西側、今襄陽，而達漢水西岸，時間擔誤太久，使吳軍搶得先機。原先囊瓦與沈尹戌商訂的作戰計畫，也因而受到破壞，也是楚軍連戰連敗的原因，這就是後勤與部隊編裝上的不當，造成戰場上的失利，同時未考慮地略形勢的限制，本作戰地區概在桐柏、大別、漢水等地帶，多山多水為其特點，戰車部隊並不適用。其二、此次大戰中，楚軍戰車部隊指揮官史皇「因其乘廣死」。（註三五）史料上並未說明如何死，但因其戰車而死是可以肯定的，在此次大戰楚國戰車部隊全數被殲，沈尹戌軍以步兵為主，雖初期稍挫吳軍，終亦被吳軍擊潰。

（二）吳軍編裝與後勤

吳軍部隊編裝以步兵為主力，故其後勤裝備也是以生產步兵裝備為主。吳軍三軍編裝中均有「執楯」之兵。（註三六）「楯」者，是步兵單兵攻防，用於抵禦矢石的戰具。吳南路步兵迅速穿越大別山，北路步兵在淮汭（安徽霍縣）捨舟從路，並以輕步兵先期搶佔義陽三關。在「五戰及郢」中，吳軍長途奔襲，穿山越水，倉卒遭遇，來去如疾風般的運動，大敗楚之戰車部隊，開創步兵作戰的新紀元，這是編裝、後勤生產、地形三者配合，才能支持軍事戰略之建立與運用。

伍、吳楚「野戰戰略」比較檢討

「野戰戰略」為運用野戰兵力，創造與運用有利狀況，以支持軍事戰略，俾得在采取戰役目標，或從事決戰時，能獲得最大之成功公算與有利效果。孫子兵法對野戰戰略講的最多，幾達全書一半以上，例如「始計篇」講攻其無備，出其不意為奇襲作戰；「謀攻」「兵勢」、「軍爭」三篇都講間接路線；「九地篇」之兵情主速，由不虞之道為機動作戰；「九地篇」講內線與外線作戰，而這些也都是野戰戰略之重要法則，但是孫子在實戰中對野戰戰略之運用如何？吳楚兩軍之野戰戰略優劣如何？有待進一步研究，本節依野戰戰略要項研究如次：

（一）奇襲、間接與情報作戰。

（二）機動作戰。

（三）集中與節約原則。

（四）內線與外線作戰。

一、吳、楚奇襲、間接與情報作戰比較檢討

奇襲、間接與情報作戰三者，在野戰戰略之運用上為一體多面，必待相輔相成乃能致

勝，切割分離運用則難期其有成。

（二）吳、楚奇襲作戰之運用

「奇襲」乃秘匿企圖及行動，出敵不意，攻敵無備，乘敵未及採取對策時，即將其徹底殲滅，欲得奇襲效果必須在時間、空間、地形、兵力、速度、戰法等，行創意之運用，以出敵意表，吳軍在創造奇襲效果上例舉其要者如後：

空間奇襲：楚軍初圍蔡（在北），故判斷吳軍主力亦在北，大別山區當時還是狉獉未闢的原始森林，楚軍視為天險，認為吳軍主力不可能穿過大別山而來。這是楚軍初期狀況判斷的誤判，當發現誤判時已來不及，吳軍獲奇襲上的效果至鉅。

速度奇襲：在速度上沈尹戌和囊瓦都失算，沈尹戌原計畫先毀淮汭之吳軍舟船，斷其退路，再回軍封塞義陽三關，囊瓦軍原計畫到漢水西岸列陣，待機與沈尹戌合殲吳軍。計畫都很好，可惜速度太慢，使整個作戰計畫破滅，吳軍屢因兵力能快速分合，幾佔盡所有可以致勝之戰機。

戰法奇襲：按當時春秋末葉，各國仍為車戰為主的時代，楚軍依一般普遍性原則，判斷吳軍亦以車戰為主，殊不知此又誤判，讓楚軍出敵意表，舉水之戰，吳步兵以堅木為棒，直衝楚軍，楚人未見過這種戰法，陣勢一亂，楚軍敗了第一仗。

（二）吳、楚間接路線之運用

間接路線乃指不直接攻擊，而以間接「謀攻」為上，「以迂為直，以患為利」、「能而示之不能，用而示之不用，遠而示之近，近而示之遠。」（註三七）吳軍在間接謀攻的表現如後：

1.攻城法的改良：孫子反對直接攻城，主張以間接謀攻，奪取城池，以減少兵力傷亡。所以孫子對攻城之法有明顯的規範，他說：

> 故上兵伐謀，其次伐交，其次伐兵，其下攻城。攻城之法爲不得已……將不勝其忿，而蟻附之，殺士卒三分之一，而城不拔者，此攻之災也。（註三八）

故孫子在伐楚過程中揚棄了當時常用的攻城法，而首創「水攻」，為戰史上有記錄可查的首例。第一次在緒戰時以水淹徐國，即「防山以水之」（註三九）第二次在郢城決戰時，吳軍水淹紀南城及郢城。

2.救蔡伐楚的虛實：孫子在戰爭指導上，「運用虛實謀略，以興師救蔡為虛，以破楚入郢為實。」（註四十）楚軍果然中計，成功的運用間接謀攻之戰略。再者吳軍置主力於南路，就作戰線而言，正可截斷楚軍補給線。

3. 以假情報使楚王捨子期而用囊瓦為主帥；蓋國家之安危，繫於作戰成敗；作戰成敗，繫於指揮官作為，指揮官為軍隊之主宰，官兵團結之核心，此古今皆然，故指揮官之完美人格與指揮道德，為用兵之至高無上要義。（註四十一）囊瓦無能貪財，部屬輕視之，楚人厭惡之，屢次想從戰場逃走，被部將史皇阻止。（註四十二）但終於還是戰敗逃到鄭國，楚王聽信假情報，中了吳國謀略，而用囊瓦為主帥，已是未戰先敗。

4. 豫章之戰中計：吳誘使桐叛楚，又使舒鳩人轉述假情報，結果囊瓦中計，楚昭王八年（吳闔閭七年，前五〇八年）秋，囊瓦親率水師沿長江而下，公子繁率陸軍沿大別山北側而來，水師大敗，公子繁被俘。

觀察吳楚大戰經過，楚軍在間接路線與謀攻之用，均少有創意，始終受制於吳軍。惟當吳軍攻入郢城，楚王西逃時，以「火象陣」衝退吳軍，不失為臨機應變的好辦法，創後世「火牛陣」之先例。

(三) 吳、楚情報戰之運用

情報之目的在知敵，反情報在「使敵不知我」，以秘匿企圖。其目的都在配合奇襲作戰之實施，乃提供間接謀攻運用時所須資訊。若情報不靈，奇襲效果難以提昇，間接路線與謀攻亦難臻上乘。孫子兵法重視情報與反情報之運用，「用間篇」就是闡揚情報之用，在吳楚作戰過程中吳軍在情報上成功之運用：

1.伐夷、潛、六、弦、養。

2.豫章之戰吳用「空船計」敗囊瓦水師。

3.救蔡伐楚之虛實，使楚王捨子期用囊瓦，為情報與謀略高度配合後才有的結果。

郢城淪陷後，楚人之反抗由正規轉入地下游擊，化明為暗，化整為散，因「戰爭面」掌控在楚人手中，使吳軍形成孤立，情報之運用轉而對楚人有利。這也是吳軍在楚地戰力難以發揮之原因，楚人才能到處襲擊吳軍，「一夜三敗吳軍」，不到一年就能復國了。

由吳楚作戰經驗來看，證明在野戰戰略上運用奇襲、間接路線、謀攻、情報之戰，都要相互配合，相輔相成，才能臻於上境，也是戰爭勝負的關鍵。

二、吳、楚機動作戰檢討

機動作戰的基礎在「速度」，須在情報靈活與確保秘匿之前提，將戰力快速分合，置敵人於不利狀況下，猝然加諸敵人，使敵倉皇混亂，喪失戰鬥意志而就殲。孫子在「作戰篇」講「兵貴勝、不貴久」，在「九地篇」中說「兵之情主速，乘人之不及，由不虞之道，攻其所不戒也。」（註四十三）吳軍在作戰過程中，充份彰顯機動作戰之精神，即主動與速度，最可為機動作戰之範例，是闔閭四年（楚昭王五年、前五一一年）秋，「三分疲楚」之戰（詳見第三章緒戰）：

第一軍先出：進攻夷、六、潛，楚軍來，吳軍退。

第二軍再出：攻弦，楚軍來，吳軍去。

第三軍末出：圍養，殺燭庸、掩餘，除去後患。

這三分疲楚之戰，只見吳軍行動自由，來去漂忽，在部隊指揮速度、運動速度、攻擊速度及戰力準備速度，都超越楚軍很多，乃使楚軍疲於奔命，顧此失彼。另一個具有機動作戰精神的是五戰入郢，從柏舉兩軍列陣，到吳軍入郢為期十天，作戰直線距離為三百公里，平均每天攻擊前進距離為三十公里。（按一九九一年波斯灣戰爭時，最後四天地面決戰，美軍一天攻擊前進速度為五十公里。）此種機動快速戰法，千里殺將，窮追猛打，在春秋時代實未之有也。

秦楚聯軍反攻時期，作戰地區主要在桐柏山以南，大別山以西，漢水以北，平原丘陵多，對車輛之機動有利。秦軍五百乘乃發揮其機動戰力，大敗吳軍。

三、吳、楚戰力集中與節約原則之運用檢討

野戰戰略若單從「力」的較量言，不外「集中與節約」之運用，在決定性之時間、空間、集中絕對多數之戰力，指向敵之弱點，尤其總兵力較劣勢之一方，更須徹底集中兵力，乘敵分離之際，以局部優勢指向敵之一部，一舉殲滅，再及其餘。孫子在兵法上說：

故形人而我無形，則我專而敵分，我專爲一，敵分爲十，是以十攻其一也，則我眾而敵寡，能以眾擊寡者，則吾所以戰者，約矣。（註四四）

這就是野戰戰略上集中與節約原則，在局部的決戰點上以大吃小。一方面之節約，為形成另一方面集中之惟一條件，二者相輔相成。以伐楚之戰，楚有二十萬大軍，吳、唐、蔡三國聯軍有五萬六千兵力。

（一）吳、唐、蔡軍集中與節約情形

吳軍開始分兩處戰略集中，兵分南北兩路戰略機動前進，北路會合蔡軍後，直趨義陽三關，過此三隘口再與唐軍會合，並與南路軍完成會師。到郢城決戰止，兵力未曾分割使用，無不集中兵力攻擊楚軍之一部，但到秦楚聯軍反攻後，吳軍被分割成三部，夫槩叛變率一部兵力回國自立為王。越襲吳都，闔閭又率一部兵力回國與夫槩戰，孫子、伍子胥所能用於抵抗秦楚聯軍之兵力，顯然不多了。

（二）楚軍集中與節約情形

楚雖有二十萬大軍，但分割成三部，即沈尹戌軍、囊瓦軍、薳射軍。此三部份相互獨立，不相救援。薳射軍見囊瓦軍被殲，竟隔岸觀火，不去援救待囊瓦軍被殲後，吳軍迅速轉用兵力，薳射也難逃被殲，而沈尹戌軍則來不及與囊瓦會師，也等於被吳軍各個擊滅。

楚軍除人為因素造成兵力分割，不能集中，還有地形障礙造成兵力分割，囊瓦軍擅自渡漢水、清發水，對舉水以東的吳軍攻擊，本地區河流多，且多成南北向，吳軍利用楚軍「半濟而後可擊」（註四五）囊瓦軍正處分離狀態，吳軍集中兵力，一舉殲滅之。

秦楚聯軍反攻時，楚游擊部隊與秦軍緊密結合，楚軍並為秦軍前導作戰，兵力未再分割使用，以集中優勢之秦楚聯軍，對分割劣勢之吳軍，故能致勝。

四、吳、楚內線、外線作戰運用檢討（附圖十六）

內線作戰，乃處於中央位置之作戰軍，對兩個以上不同方向之敵人行攻勢作戰。外線作戰，乃處於兩個以上攻勢發起位置之作戰軍，向處於中央位置之敵軍，行求心之攻勢作戰。（註四六）內外線作戰方式，對攻守雙方各有利弊，因不同時空因素及兵力而定。

楚軍最初依沈尹戌計畫就是外線作戰，企圖從南（囊瓦軍）北（沈尹戌軍）兩路合擊，將吳軍殲滅於中央位置（清發水兩岸，第四章附圖七）。後來囊瓦擅改作戰計畫，造成囊瓦軍孤立處於中央之內線作戰。吳軍自兩個不同方向對囊瓦軍行求心之攻勢作戰，將囊瓦軍殲滅於中央位置，吳軍再迅速轉用兵力於其他。吳楚兩軍內、外線作戰之利弊變換，以附圖十六表示，說明如下（吳軍外線、楚軍內線）：

（一）雙方利害不明顯階段：

外線作戰軍在甲、乙線以外，內線作戰軍在戊區附近，兩軍相距約三百公里，均尚具有行動自由。此時雙方相對性利害，處於不顯著階段。

（二）內線軍有機會擊滅外線軍階段：

當外線軍在甲乙丙丁地區內，而內線軍在該區則保有充份機動空間與行動自由，可對任何一路外線軍形成局部優勢；而外線軍因受大別山阻隔，兵力分割成兩部，無法相互支援。故在本階段內，為囊瓦軍有機會殲滅吳軍之階段。

（三）外線軍最有利階段：

當外線軍到達丙丁線，將完成會

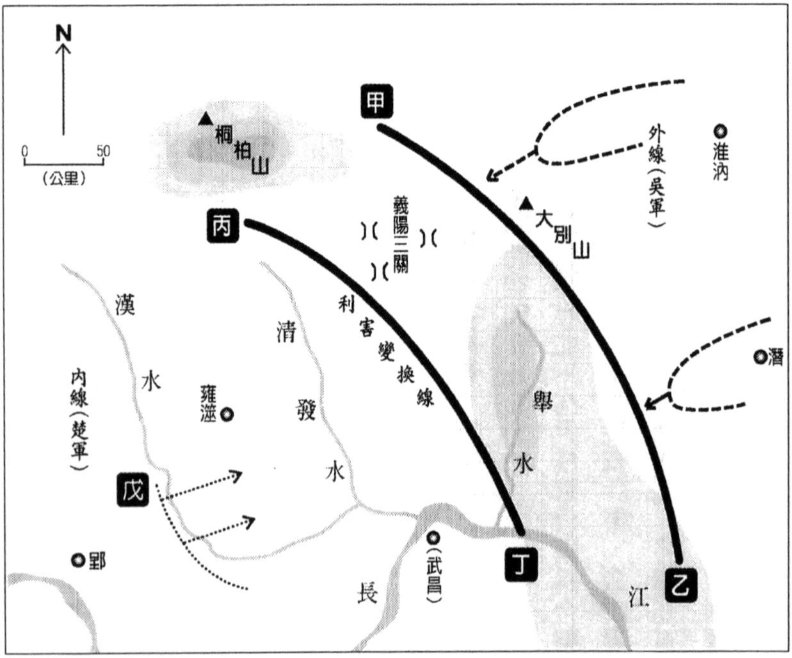

附圖十六：吳楚內線、外線作戰之利害變換線示意圖

師，對內線軍形成包圍態勢；內線軍已無旋迴餘地，對外線軍已無各個擊滅之可能，且有被包殲之虞。故在本階段對外線軍有利，對內線軍不利。

綜上說明，丙丁線在理論上為內、外線作戰軍相對利害轉變之界限，野戰戰略上習稱「利害變換線」。

陸、結語

本章從大戰略、國家戰略、軍事戰略及野戰戰略四個層次，檢討孫子參與實戰這部份的吳楚作戰，深入分析兩軍在戰略各層次上的利弊優缺。以下數點足資警訊，亦為孫子在實戰經驗中，經歷「南征北討、千里殺將」驗證過的戰爭智慧。

一、伐楚之戰所以順利，肇因吳國在大戰略上已取得有利態勢，故能敗楚入郢。但數月後徹軍回國，不及稱霸中原，吳就滅於越國，顯示吳國的大戰略欠缺長程久遠的眼光，只顧短程利益，這是設計大戰略的敗筆。

二、在國家戰略上，吳較楚能凝聚及運用政、軍、經、心之力量，而成為一股伐楚之強大戰力。但在郢城淪陷後，四大國力之建立與運用，轉趨對楚人有利，故能迅速復國。這給我們一個啟示：國家發動戰爭後，對政、軍、經、心四大國力的建立，仍是必須的作為，否

則亦難免轉勝為敗。

三、在軍事戰略上，楚國原有較雄厚的建軍備戰資源，故能建立強大的野戰部隊。但因連續數十年資源過度浪費，政治與軍事人才流失（指被殺害、逃亡），乃有柏舉之役，楚王西逃。這告訴我們「大未必強，小未必弱」。軍事戰略貴在能支持國家戰略，能指導野戰戰略。

四、孫子率劣勢吳軍對優勢楚軍，能創「九戰九勝」之輝煌戰果（呂氏春秋說），得力於他的野戰戰略運用之妙，存乎一心。此即：奇襲原則，間接謀攻、情報運用；機動作戰；集中與節約原則；內線與外線作戰之運用，能之者勝，反之者敗。

五、吳伐楚之戰，從緒戰到郢城決戰，到徹軍回國，六年多時間中，孫子均全程參與，其間有得志，亦有不得志，但發現一個現象，吳王闔閭能重用孫子時，吳軍戰力強，尉繚子稱之「能無敵於天下」。（註四七）闔閭未重用孫子時，吳軍戰力弱，屢戰多敗，此恐係指戰爭不能沒有戰略指導，而孫子就是戰略的化身。

或許，吳軍回國後，闔閭也會召開一個「作戰總檢討會」，然而未及召開，孫子恐已將辭呈提出——回到他的隱居山林，讀書傳家的生活。關於孫子何時離開吳國，或何時離開官場退休，古今以來就是謎，尚待科學家、史學家合力去研究證明，最重要的是，他曾用一段傳奇性的豐功偉業，親自去實地驗證他的「孫子兵法十三篇」。

◆註釋

註　一：丁肇強，軍事戰略（台北：中央文物供應社，出版時間不詳），頁四五～四六。

註　二：國防部編，陸軍作戰要綱——聯合兵種指揮釋要，下冊，八十年六月三十日，附錄一。

註　三：劉伯驥，春秋會盟政治（台北：中華叢書編審委員會，六十六年六月），第五章，霸王領導之會盟，頁一九四～二一二各表資料整理而成。

註　四：同註三。

註　五：同註三。

註　六：同註三。

註　七：司馬遷，史記（台北：宏業書局，七十九年十月十五日），頁一四六五。

註　八：引張其昀，中華五千年史，第三冊（台北：中國文化研究所，五十一年四月），頁八四。

註　九：同註七書，頁一四七五。

註　十：袁少谷，左傳詳釋（台北：五洲出版社，六十年四月一日），頁七二四。

註十一：魏汝霖，孫子今註今譯（台北：商務印書館，七十六年四月修訂三版），頁六三。

註十二：左丘明，國語（台北：漢京文化事業公司，七十二年十二月卅一日），頁五七四～五七五。

註十三：趙曄，吳越春秋（台北：商務印書館，六十七年十月臺一版），頁五八～五九。

註十四：同註十二。

註十五：同註十三書，頁四〇。

註十六：同註十二書，頁五七八～五七九。

註十七：李震，中國歷代戰爭史話（台北：黎明文化出版公司，七十四年十月），頁五一。

註十八：文崇一，楚文化研究（台北：東大圖書公司，七十九年四月），楚經濟制度。

註十九：同註七書，頁三二六六～三二六九。

註二十：同註十八。

註二一：國語，楚語上，頁五四二～五四四。

註二二：同註七書，頁三二六七。

註二三：同註十三書，頁四〇。

註二四：同註十三書，頁四二～四三。

註二五：同註十一書，頁八三～八四。

註二六：同註十三書，頁五六～五七。

註二七：施治，中外軍制和指揮參謀體系的演進（台北：中央文物供應社，七十年九月），頁二四～二五。

註二八：同註十三書，頁六二。

註二九：同註十三書，頁三九。

註三十：同註七書，頁一四六六。

註三一：同註十二書，頁五七四～五七五。

註三二：徐瑜，孫子兵法（台北：時報文化出版公司，七十六年元月十五日），頁六四。

註三三：「戰略構想」是現代之戰略概念，指大軍作戰之過程，就攻勢作戰之戰略構想，為自戰略集中、戰略機動、會戰、戰略追擊或擴張會戰戰果，以迄達到作戰最後目標，應以全程一貫之戰略構想，始終掌握主動，將優勢戰力，於有利時機，指向敵之弱點，迫敵決戰，予以擊滅，以達作戰目的。惟古代戰爭並無明顯的戰略構想，若以吳楚大戰做比較，則吳軍較有明顯的戰略構想，並能全程一貫，掌握主動。詳見陸軍作戰要綱——聯合兵種指揮釋要，上冊（國防部：八十年六月三十日頒行），第五篇，第一章，第二節。

註三四：同註十八書，頁四三。

註三五：同註十書，頁七二一～七二二。

註三六：同註二七書，頁三二。

註三七：同註十一書，頁六四。

註三八：同註十一書，頁九三。

註三九：同註十書，頁七一一。

註四十：李新泰主編，齊文化大觀，第一版（北京：中共中央黨校出版社，一九九二年七月），頁七七五。

註四一：同註三三書，上冊，頁一～一五一。

註四二：同註十三書，頁六六六。

註四三：同註十一書，頁八二及一九七。

註四四：同註十一書，頁一三一。

註四五：杜預，春秋經傳集解（台北：新興書局，七十年六月），頁三七八。

註四六：同註三三書，上冊，第五篇，第一章。

註四七：孫一之，武經七書（台北：星光出版社，六十五年十二月廿五日），頁一七〇。

孫子實戰經驗對軍事思想之影響

壹、前言

軍事思想之內容，古今所論都在建軍、備戰、用兵及戰爭型態等範圍內，惟各個時代因有不同戰具，不同思潮，僅在意義或內涵廣狹有所調整。從孫子參與吳楚大戰的實戰經驗，檢證他自己兵法上的原理原則，這對春秋末葉及以後的軍事思想之影響力，已經可以定位在開創、建立及引導的領袖地位。

為甚麼？與孫子同時代的兵法家，知名者僅司馬穰苴（原名田穰苴，齊景公的軍事首長）；更早則有姜太公（即呂尚，或稱太公望，周代開國功臣），但他們的獨創性、系統性都不如孫子。「老子」概與孫子同齡，且對孫子用兵影響頗大，都認為宇宙萬物不斷變動，

要在變動中求發展，故治國要正，用兵要奇。但必竟老子是哲學家，不是兵法家，所以對軍事思想的影響地位，孫子是無法撼動的，本文研究孫子實戰經驗，對春秋末葉軍事思想的影響，並從四個範圍論述之。

貳、孫子實戰經驗對建軍思想之影響

春秋為車戰時代，一直到孫子伐楚之戰仍為車戰鼎盛時期，但也從鼎盛開始向下滑落。以下二事使車戰加速衰落，使步兵抬頭：

（一）孫子在吳國的建軍構想，是揚棄戰車為主，建立以步兵為主體的軍隊，這在春秋是一項建軍革命。

（二）車戰訓練重點是車上少數甲士（軍官，貴族擔任），步兵訓練重點是大批步卒，教練科目是單兵及步兵基本戰術。（註一）

一、車戰興衰

在我國「車」的發明是夏代初期（約西元前二千兩百年），先由畜力駕挽用於狩獵（古代狩獵做為一種軍事演習），到夏商之交（約前一七六〇年），四馬駕挽的車出現，戰車從此

附圖十七：春秋戰車

定型。（註二）以後我國戰車始終是四馬駕挽，沒有雙馬戰車記載。尤其到春秋時代戰車馳騁沙場，達到了空前巨大規模。以孫子實戰前一百年餘來，重大戰役如宋楚泓之戰，楚軍戰車六百乘；晉楚城濮之戰，晉軍七百乘，楚軍略多；齊晉鞍之戰，晉出戰車八百乘，齊軍概等；晉楚鄢陵之戰，晉約五百乘，楚軍四百乘，各諸侯參戰有二百餘乘，合計戰場上約有千餘乘戰車參與決戰。吳伐楚入郢之戰後，秦軍五百乘救楚，這是車戰的繁盛時代，也即刻衰亡在繁盛之中。一個嶄新的兵種——步兵，出現在戰史的舞台上，從戰車定型，到車戰衰亡，其間約流行了一千兩百多年。附圖十七是我國春秋時代全副武裝戰車的標準圖式。

圖上戰車的乘法，每乘有甲士三名，按左、中、右排列。左方甲士持弓，主射，是車長，稱「車左」，又叫「甲首」；右方甲士執矛，主擊刺，並為戰車排除障礙，稱「車右」，又叫「參乘」；居中的是駕馭戰車的御者，戰車以乘三人為常則，乘四人為例外，若有第四人稱「駟乘」。步兵在車下跟進，甲士為貴族，步兵通常是奴隸（或農民）。（註三）

二、步兵興起

步兵的出現，在春秋初期華夏諸國對西方和北方戎狄族的戰爭中發展起來，特別是對戎狄戰事頻繁的晉國和鄭國，蓋戎狄居山間，善用步兵。但到春秋中期，步兵並未廣泛應用在中原戰爭，直到春秋末葉才在吳國奠定其戰史上的地位，考步兵興起有下列原因：

（一）封建制度瓦解，貴族沒落，一般農民或平民因擁有財產使地位提昇，車下步卒都是一般平民，地位提昇也隨之提高他的重要性。

（二）井田破壞使車戰所須地利喪失迨盡，按井田制完整時，井田棋佈，道路良好，如詩經曰：「周道如砥，其直如矢，君子所履，小人所視。」（註四）這是車戰所要地利，待井田破壞，私田興起，破壞了車輛所須的道路系統，戰車的生存之道——道路與機動，逐漸喪失迨盡。

（三）新戰具的發明促使車戰結束，步兵興起。我國雖在商代就知道運用隕鐵，但到春秋晚期才出現人造鐵器，進入鐵器時代。（註五）當時中國由銅器時代進入鐵器時代，也是以吳越二國為嚆矢。（註六）鐵亦是吳國重要礦產。（註七）鐵價格低廉，產量豐富，可以用來裝備大量的步兵武器。

（四）井田制破壞也引發奴隸制軍事制度瓦解，車戰是奴隸制度產物，自然難逃厄運，步兵就在這社會變遷中取代車戰而興起。（註八）

步兵，在春秋時期稱「徒兵」，區分兩種：一種是獨立編制的建制步兵，一種是附屬戰車的隸屬步兵，春秋時期所說步兵指建制步兵，其次指隸屬步兵。晉軍所稱左行、中行、右行，這個「行」就是步兵基本建制隊形稱呼。（註九）孫子在吳國建立三軍，以百人稱「行」，（註十）與晉制同，顯然吳國步兵是獨立建制，不是隸屬步兵，吳伐楚之戰，吳軍北路以「利趾者三千人以為前陳」，先期搶佔義陽三關，這是一支獨立建制的輕裝步兵。

依近人研究，車戰在南方吳、越等國本無深厚基礎，吳之崛起又在軍事遽變的春秋末葉，中原步兵又方興未艾，故吳國建制步兵應比較發遠。（註十一）經前述研究，可知孫子當時協助吳王建軍，就已經深研中國南方地略形勢，觀察車戰與步兵優劣，進而建立了以步兵為主體的國防武力，不但用於伐楚之戰，實證自己兵法上的原理原則，並創輝煌戰果，實際上也為即將到來的戰國時代，吹響大規模步戰的號角。

三、建軍制度、將才、戰力與實務

『建軍』不光是建立一支作戰武力，還有許多相關事務，其要者如制度、將才、戰力之建立、建軍實務等，從現行史料來看，孫子似極少參與有關建軍實務上的工作，惟仍可從孫子在任吳王將軍前後約十年間，他在行為實踐上能與其十三篇兵法理論相印證者，稍做觀察，以見一斑。

（一）建軍制度：

始計篇曰：道、天、地、將、法，這個「法」就是制度，指國家各項法令規章，包含建軍制度，尤其軍法制度不能因人而異，這方面孫子是非常堅持的，再引吳王闔閭召見孫子那一幕，以見孫子對軍法制度的堅持：

乃設鈇鉞，即三令五申之……孫子曰：「約束不明，申令不熟，將之罪也；既已明而不如法者，吏士之罪也。」乃欲斬左右隊長，吳王從臺上觀，見且斬愛姬，大駭，趣使使下令曰：「寡人已知將軍能用兵矣，寡人非此二姬，食不甘食，願勿斬也。」孫子曰：「臣既已受命為將，將在軍，君命有所不受。」遂斬隊長二人以徇。（註十二）

孫子所堅持的制度，實即現代所謂「統帥權」與「指揮權」的分離，吳王雖勉強接受，但此種「軍令如山」的制度定在吳軍官兵產生巨大的影響。司馬遷才會在「史記」中說：「西破強楚，北威齊晉，顯名諸侯，孫子與有力焉。」（註十三）

（二）將才：

孫子重視將才的必備條件，謀攻篇說：「夫將者，國之輔也，輔周則國必強，輔隙則國必弱。」地形篇說：

> 故戰道必勝，主曰：無戰，必戰可也。戰道不勝，主曰必戰，無戰可也，故進不求名，退不避罪，唯民是保，而利于主，國之寶也。（註十四）

這是幾近完美的將才條件，筆之於兵法十三篇中，其實孫子已經躬行實踐過，對中國歷朝歷代將領產生「身教」效果。他自己的進退，乃至於軍隊進退（如兩次向吳王建議不戰，一次殺吳亡將二公子後，一次在楚），都表現進不求名，退不避罪，唯民是保，而利於主的氣節與膽識，此與楚之囊瓦貪財好色，陣前逃亡；及吳之夫槩，陣前叛變，投降奔楚，相較之下成「聖賢與卑鄙」之對比。孫子之能稱百代用兵之兵聖，後世將才之典範，絕非空談十三篇理論就能得名，而是他親自實踐過，知行合一，故能致之也。

(三) 建立戰力：

按現代概念，戰力區分有形戰力和無形戰力，孫子實戰經驗中依然可以從此二者，觀察孫子建立戰力的一斑。

1.建立無形戰力：即紀律與武德。孫子斬吳王二姬，亦是軍隊紀律之貫徹，孫子視軍紀比生命重要，蓋軍紀是軍隊之命脈也。武德者，「智、信、仁、勇、嚴也。」（註十五）當是時一般論將，重在智、仁、勇，如孔子說：「智者不惑，仁者不憂，勇者不懼。」獨孫子增補信與嚴二者，歷代建軍之首要，無不以此五項為軍人之武德標準，為戰力能否建立之樞紐。

2.建立有形戰力：有形戰力除兵力人數外，在建立五種力：偵搜力、打擊力、機動力、補充力、指通力，這是現代觀念的戰力分析，孫子時代並無這樣區別，概要依孫子實踐精神述之。

偵搜力：「多算勝，少算不勝」「作之而知動靜之理，角之而知有餘不足之處。」（註十六）

打擊力：除人員、武器、裝備外，關鍵在訓練，以提昇打擊力，即「士卒熟練」。（註十七）

機動力：步兵為主體的三軍，機動快速，配合地利，剋制楚之戰車部隊，即「兵情

主速」。（註十八）

補充力：「役不再籍，糧不三載，取用于國，因糧于敵。」「掠鄉分眾，廓地分利」。（註十九）

指通力：「形人而我無形」、「知戰之地，知戰之日，則可千里而會戰。」「金鼓旌旗，所以一人之耳目也。」（註二十）

綜觀吳軍在戰場上能快速機動，迅速分合如「常山之蛇」，深入楚境不虞，決戰千里而勝；對楚軍行跡則瞭如指掌，此乃戰力建立完整之表現。

(四) 建軍實務：

三軍兵力編組完成，戰力建立完備，但要維持一支可長可久的軍隊，使其不會「腐化、惡化」，則有賴內部管理與領導統御。孫子在兵法上說：

> 卒未親附而罰之，則不服，不服則難用，卒已親附而罰不行，則不可用。故令之以文，齊之以武，是謂必取……視卒如嬰兒，故可與之赴深谿，視卒如愛子，故可與之俱死。厚而不能使，愛而不能令，亂而不能治，譬如驕子，不可用也。（註二一）

孫子初為客卿，再拜將軍，對實務恐涉獵不多，惟證之闔閭「面試」那一幕情景，則在

吳軍中建立一套獎罰分明的管理制度，應屬實情，何況依歷史上的研究，吳王叫孫子編制三軍完成後，「又令孫武選練士卒，演習戰陣。而闔閭亦常出入於士卒中，與同甘苦，共起居，同飲食，於是軍心士氣大振。」（註二二）孫子建軍實務的標準，即「愛的教育，鐵的紀律」，並在此二者找到平衡點，蓋用「鐵」過度，必淪於嚴苛冷酷，離心離德；用「愛」過多，必陷於驕溺恃寵，毀紀亂法，偏於其中之一是建軍實務上的敗筆，歷代論將治兵用兵，無不視為警惕。

參、孫子實戰經驗對備戰思想之影響

建軍之用意就在備戰，與孫子概約同齡的孔子在魯攝相事，曰：

> 臣聞有文事者必有武備，有武備者必有文事，古者諸侯出疆，必具官以從，請具左右司馬。定公曰：「諾」，具左右司馬。（註二三）

孔、孫二人同是春秋當代之思想家，孔子之言孫子應有耳聞，何況孫子吸納了前代廣泛的軍事理論知識，從孫子等人在吳的備戰情形，及其實踐經驗觀察，區分有備、先知、後勤整備三項。

一、有備無患

孫子備戰思想如「始計篇」：「兵者，國之大事，死生之地，存亡之道，不可不察。故經之以五事，校之以計，而索其情，一曰道，二曰天，三曰地，四曰將，五曰法。」「九變篇」曰：「無恃其不來，恃吾有以待之；無恃其不攻，恃吾有所不可攻也。」（註二四）

有備無患是孫子對備戰的重要理念，且準備範圍包含道（政治建設）、天（氣象）、地（地略形勢）、將（將才培養）、法（法令規章）。當吳王召見孫子論兵之際，「每陳一篇，王不知口之稱善，其意大悅。」（註二五）可見吳王對孫子的備戰理念是認同的，七百年後孔明闡揚孫子備戰思想說：

> 夫國之大務，莫先於戒備……無備雖眾不可恃也，故曰：有備無患。故三軍之行，不可無備也。（註二六）

勿論有無外患敵人，國家都必須有足以確保安全之兵力以備戰，「有備無患」是我國國防上的重要指導依據，為政論兵之首要考量。

二、知彼知己

備戰之要務中是對環境的瞭解，包含主觀環境、國際環境及主要、次要作戰國之環境。

（一）知國際形勢環境，「故不知諸侯之謀者，不能豫交。」（註二七）闔閭奪取政權後，曾派季札出使各國。（註二八）應有此項任務，且伍子胥與孫子二人，曾逃命各國或潛觀天下大勢，也應有相當水準的「國際觀」。

（二）知彼知己：

當唐、蔡二國向吳王求援時，孫子說：「囊瓦者，貪而多過於諸侯，而唐蔡怨之。」（註二九）可見孫子對楚之一般情況甚為瞭解，再者，楚左司馬沈尹戌曾為闔閭臣，（註三十）對楚將之能耐及用兵當能掌控，尤其透過情報運用，孫子對敵國得以精確瞭解，故他在兵法中說：

> 知吾卒之可以擊，而不知敵之不可擊，勝之半也；知敵之可擊，而不知吾卒之不可擊，勝之半也，知敵之可擊，知吾卒之可以擊，而不知地形之不可以戰，勝之半也。故知兵者，動而不迷，舉而不窮。故曰：知彼知己，勝乃不殆；知天知地，勝乃可全。（註三一）

孫子對敵國的瞭解，乃透過人——「用間」，「不可取於鬼神，不可象于事，不可驗于度；必取於人，知敵之情者。」（註三二）兩千多年前孫子談敵情判斷，已知科學、客觀、理性角度去觀察分析，而不去問神卜筮。現代國家處「備戰狀態」時，知的範圍是「敵、我、天、地、水」，孫子不失為備戰思想之鼻祖。

三、後勤整備

談後勤其實是「先勤」，古今都一致的道理，建軍備戰都優先考量後勤問題，故孫子曰：「軍無輜重則亡，無糧食則亡，無委積則亡。」（註三三）當闔閭元年（前五一四年）時，吳國處於「君無守御，民無所依，倉庫不設，田疇不墾」，備戰條件甚低，伍子胥乃建議闔閭「先立城郭，設守備，實倉廩，治兵庫」。（註三四）兩年後孫子拜將，亦同時加入吳國備戰行列，本書第二章已有論述，此處不在贅及。

肆、孫子實戰經驗對用兵思想之影響

建軍備戰之目的有二，其一、嚇阻外來可能的侵略，以確保國家安全；其二，若一旦面臨外來侵略，能以組建完成的軍隊，及已經完成之備戰，一舉將來犯之敵殲滅於國境之外或附近。就春秋時代言，各國相繼擴張其「戰略國境」或「地理國境」，更圖稱霸，故建軍、備戰之目的，已不止於確保國家安全，而是積極對外用兵。不論戰於國境或境外，用兵政策

就是都可以指導戰爭之開始、遂行、終戰之過程，從孫子的實戰經驗，觀察其對用兵思想最有影響者如次。

一、不戰與慎戰

孫子在「不戰與慎戰」方面的經驗，從戰史上的年代順序，有下列五事：

（一）伐養之後闔閭要伐楚，孫子建議待之。

（二）秦楚反攻，吳軍敗，子胥要戰，孫子不戰。

（三）水淹徐國。

（四）決漳江水灌紀南城。

（五）決赤湖水灌郢城。

伐養之後，闔閭想乘勝伐楚，孫子為何建議再等，蓋民勞兵困，備戰不足，冒然發動大戰，徒增加傷亡，危及國脈民命。郢城戰敗，孫子為何不戰？蓋喪失戰爭之意義與目標，軍隊「不知為何而戰？為誰而戰？」再戰無益。為何水淹三城？蓋為減少敵我兩軍傷亡，並能儘早奪取作戰目標，儘早結束戰局，避免戰事久拖，增加無謂犧牲，尤其對吳軍言，避免三次直接用兵攻城，每次「蟻附之，殺士卒三分之一，而城不拔者」，實即避免三次攻城大災難。故孫子所謂「不戰」或「慎戰」，乃指最好用間接路線或謀攻來達到作戰目標，若非戰不可也要慎戰，設法減少傷亡，孫子不戰、慎戰用兵思想有：

（一）「非利不動，非得不用，非危不戰。主不可以怒而興師，將不可以慍而致戰；合於利而動，不合於利而止，怒可以復喜，慍可以復悅，亡國不可以復存，死者不可以復生。故明君慎之，良將警之，此安國全軍之道也。（註三五）

（二）「百戰百勝，非善之善者也；不戰而屈人之兵，善之善者也……故上兵伐謀，其次伐交，其次伐兵，其下攻城……拔人之城，而非攻也。（註三六）

（三）「兵者，國之大事，死生之地，存亡之道，不可不察也……多算勝，少算不勝。」（註三七）

二、先勝與速戰

伐楚入郢是吳國即訂之國家目標，為勢在必得，志在必取者，故「勝兵先勝」的準備期較久，建軍備戰三年半，初期緒戰四年，決戰開始，從柏舉列陣到佔領郢城共十天，孫子的先勝與速戰思想如次。

（一）「先為不可勝，以待敵之可勝……善守者，藏于九地之下；善攻者，動于九天之上……故勝兵先勝，而後求戰；敗兵先戰，而後求勝。」（註三八）

（二）「其用戰也貴勝，久則鈍兵挫銳，攻城則力屈，久暴師則國用不足。夫鈍兵、挫

銳、屈力、殫貨，則諸侯乘其弊而起，雖有智者，不能善其後矣！故兵聞拙速，未睹巧之久也；夫兵久而國利者，未之有也。」（註三九）

三、主動與自由

主動與自由包含對敵我兩軍，對敵軍保持主動與自由，以免受制於敵。對我軍則在確保戰場上用兵的主動與自由，使指揮權與統帥權分開獨立，此在孫子最為堅持，要者如次。

（一）「先處戰地而待敵者佚，後處戰地而趨戰者勞。故善戰者，致人而不致于人。能使敵自至者，利之也；能使敵不得至者，害之也。」（註四十）

（二）「途有所不由，軍有所不擊，城有所不攻，地有所不爭，君命有所不受。」「軍之所患于君者三：不知三軍之不可進，而謂之進；不知三軍之不可退，而謂之退，是謂縻軍；……軍士惑矣……軍士疑矣。」

「戰道必勝，主曰無戰，必戰可也；戰道不勝，主曰必戰，無戰可也。」（註四一）

孫子對戰地指揮官堅持要有獨立判斷之餘地，蓋戰地指揮官對當面狀況最清楚，戰與不戰都要確保主動與自由的思考空間。但要有「進而不求名」的豁達，「退不避罪」的決心，「唯民是保」的情操，「利于主」的氣節，才能辦的到。

四、機動與奇襲

孫子機動與奇襲作戰思想如次：

（一）「攻其無備，出其不意」。

（二）「兵之情主速，乘人之不及，由不虞之道，攻其所不戒也……故善用兵者，譬如率然；率然者，常山之蛇也，擊其首，則尾至，擊其尾，則首至，擊其中則首尾俱至，敢問：兵可使如率然乎？曰：可。（註四二）

孫子以「常山之蛇」譬喻部隊機動速度應有標準，此雖純為「假定事項」，但說明部隊能否達到這個標準，答案是肯定的。孫子率吳軍「西征北伐」，行動漂忽，所向無敵，奇正相生，為機動與奇襲思想做最佳詮釋。

五、攻、防、遭、追、轉之互用

作戰並非一味採取攻勢，應考量敵我兵力、狀況、地形及不可預知的變數。如孫子實戰中面臨者有攻城、渡河、柏舉遭遇、追擊楚王及轉進回國等，各階段有不同作戰方式，孫子對此用兵亦有指導。

（一）「故用兵之法，十則圍之，五則攻之，倍則分之，敵則能戰之，少則能守之，不若

則能避之，故小敵之堅，大敵之擒也。」

（二）「故形人而我無形，則我專而敵分，我專為一，敵分為十，是以十攻其一也。則我眾而敵寡，能以眾擊寡，則我之所與戰者，約矣。」（註四三）

伍、孫子實戰經驗對戰爭型態之影響

從戰爭型態來觀察孫子實戰經驗，也發現很多創見與突破，概分突破戰爭型態，創遠征作戰之先河、創「以寡擊眾，以小搏大」之典型，此不僅其前代所無，且開創後代戰爭型態的新形式，在古今戰爭型態發展過程中，有其開山鼻祖之地位。

一、突破春秋時代戰爭型態

春秋時期戰爭型態的主流，概為兵車並列之橫陣，作戰雙方各將部隊分成中、左、右三軍，雙方均作正面行駛之衝撞，遠距離用弓弩射擊，近距離時戰車錯轂，用戈矛相搏（如附圖十八）。（註四四）

為說明中、左、右三軍之部署及運動程序，以晉楚城濮會戰（在今山東濮縣臨濮集）為例，附圖十九ＡＢＣＤ示意之。（註四五）

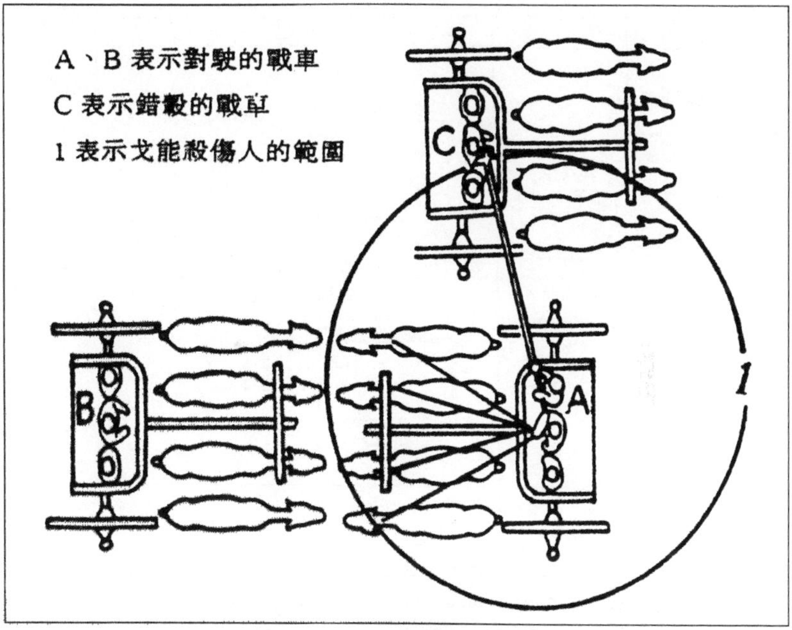

附圖十八：戰車格鬥示意點

（一）兩軍部署：

晉楚兩軍於晉文公四年（楚成王四十年，前六三二年）四月六日，在城濮完成部署，楚分中、左、右三軍，晉分中、上、下三軍，（A圖），主力均在中。

（二）會戰初動：

晉下軍先向楚右軍突擊，再佯退誘楚軍北進，晉上軍接戰後亦佯退，楚軍中計，全面北追向晉軍攻擊前進。（B圖）

（三）兩軍爭取：

晉下軍轉移攻勢，反擊楚右軍。晉中軍以少部兵力阻楚中軍前進，主力攻楚左軍之側翼，晉上軍亦配合包圍楚左軍。（C圖）

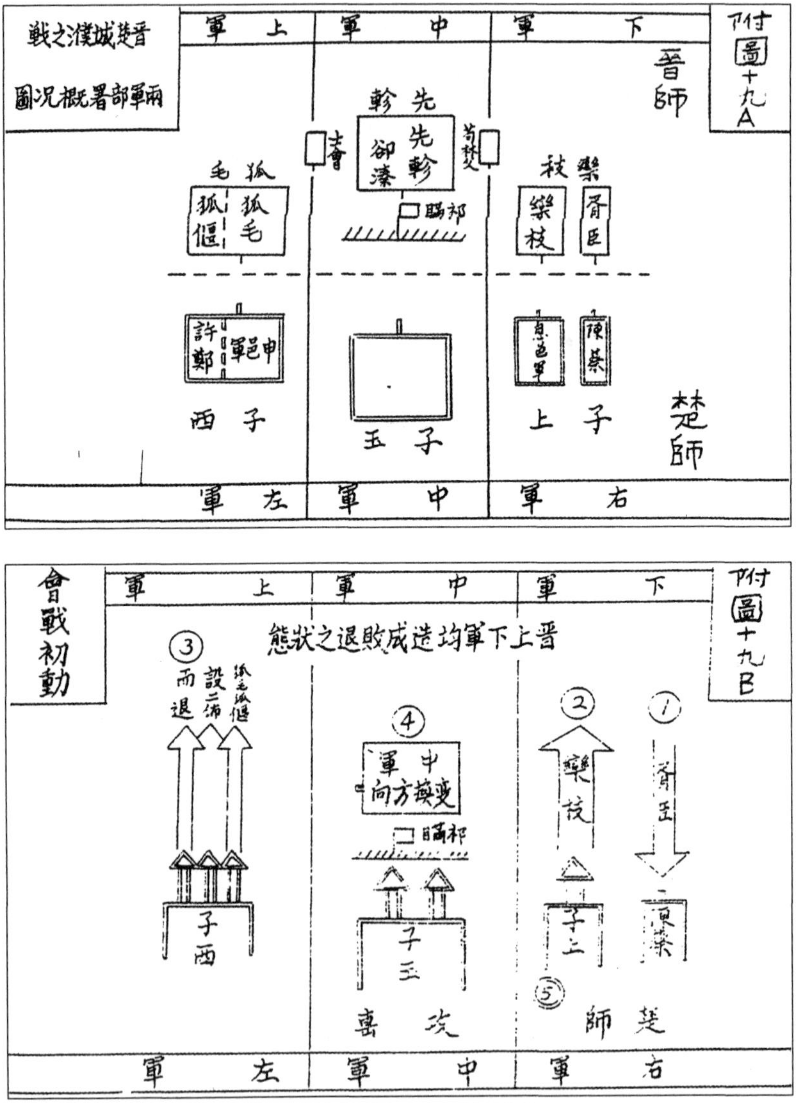

附圖十九：春秋時代戰爭型態圖例(A)、(B)

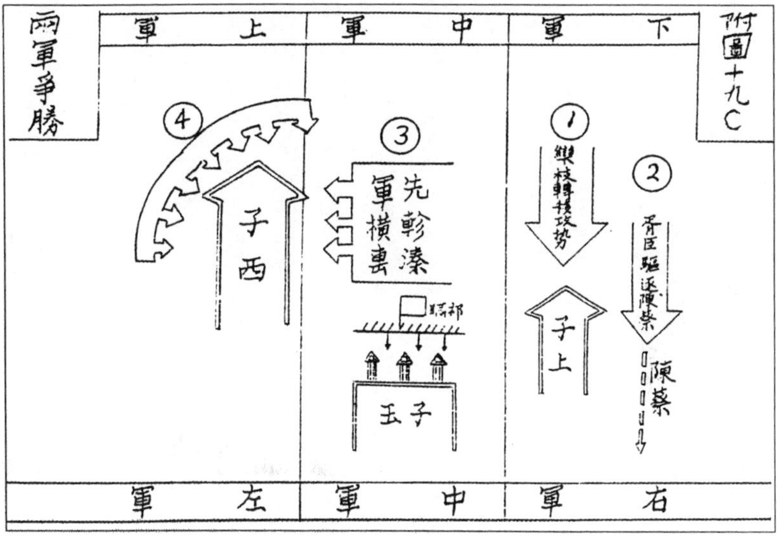

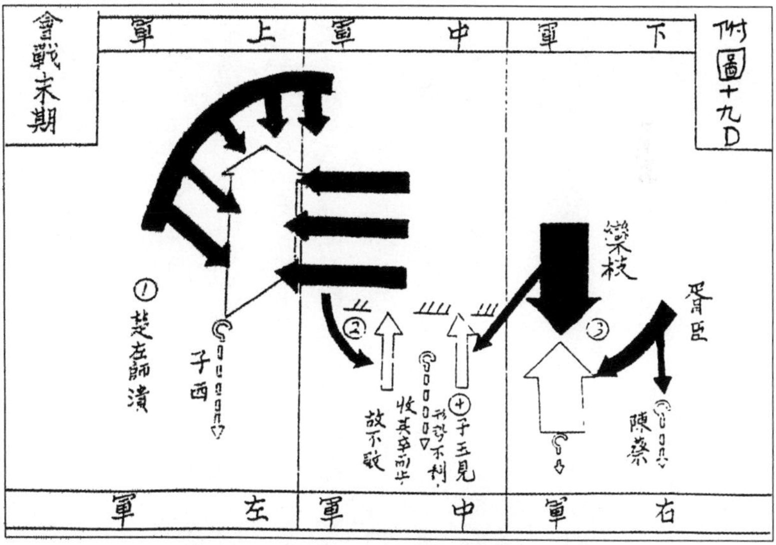

附圖十九：春秋時代戰爭型態圖例(C)、(D)

（四）會戰末期：

楚軍潰敗，楚將子玉退抵連谷（河南臨穎縣）時憤而自殺，晉軍全勝，兩軍作戰時間不到兩天。（D圖）

這是春秋時代典型的戰爭型態，作戰雙方先在一個固定空間（能容下雙方戰車）完成部署，通常是方正之格局，相互對峙，雙方主帥開始進行「口頭交戰」，再行兵力交戰，戰車作戰，也是正面衝撞對殺，此種戰爭型態有其基本佈局，戰術變化不大，至孫子、伍員、范蠡等出，戰爭型態乃完全打破，極盡奇正詭變之能事，此亦開戰國以後奇詭戰術之先河。

綜觀孫子實戰經驗，作戰部署即不分上、中、下軍，也不分左、中、右軍，以柏舉之役為例，吳軍戰略集中後，兵分南北兩路實施戰略機動，主力在南。從柏舉遭遇戰、清發水渡河戰、郢城決戰看，孫子的戰爭型態為何？曰：「無形」，孫子在兵法中談到戰爭型態者如後：

（一）「善出奇者，無窮如天地，不竭如江河，終而復始……渾渾沌沌，形圓，而不可敗也。」

（二）「微乎微乎！至于無形；神乎神乎！至於無聲……夫兵形象水，水之形，避高而趨下；兵之形，避實而擊虛，水因地而制流，兵因敵而制勝。故兵無常勢，水無常形；能因敵變化而取勝，謂之神。」

二、創「以小搏大，以寡擊眾」的成功先例

吳伐楚之戰在戰史上，亦創下「以小搏大，以寡擊眾」的成功先例，蓋所謂「小、大、寡、眾」，應從兵力、領土、人口、資源、國家發展程度等方面，做比較深入的說明。

（一）兵力比較：

楚軍兵力二十萬，吳軍（含唐、蔡）約六萬，兵力比概為三比一，比較春秋重大戰役，如楚宋泓之戰，兵力比二比一，楚勝宋敗；晉楚城濮之戰，兵力比概一比一，晉勝楚敗；晉秦麻隧之戰，兵力比概約三比一，晉勝秦敗；晉楚鄢陵之戰，兵力比概約一比一，晉勝楚敗。（註四六）相較下，吳楚柏舉之役是春秋時代，吳軍以「絕對少數」兵力取勝的唯一史例，亦為後世以寡擊眾之範例，尉繚子讚美孫子「提三萬之眾，而天下莫當」。（註四七）實即讚美孫子是能以寡擊眾，而得全勝的兵法家。

（二）人口比較：

研究古代國家人口，因史料欠缺，古代國家戶政未臻健全，或記載不清，難有明確可靠之數據，只能做概括判斷以為參考，楚國人口估計，據史家研究，中國在孟子（周烈王四年，前三七二年——周赧王廿六年，前二八九年）時代，總人口約二千多萬，楚國總人口約二百四十餘萬，佔當時全中國總人口十分之一。（註四八）由孟子時代上推到吳楚戰爭約二

百年，判斷吳楚戰爭時期，楚國總人口應在一百六十萬左右。

吳國當時人口無可資判斷的史料，惟依「吳越春秋」記載，古公二子託名採藥於衡山（指遙遠的南方山岳），遂之荊蠻，斷髮文身，為夷狄之服示，太伯自號「句吳」，建都梅里（今江蘇無錫東南），荊蠻義之，從而歸者千餘家。（註四九）依有關我國古代家庭結構研究，我國自有史以來概以折衷家庭為主，大家庭如「五代同當」、「九世同居」都是極少數仕宦或大地主之家才有。西漢到明代，每戶平均人口中數均未超過七人。（註五十）「楚文化研究」一書說明戰國時代每戶平均中數是八人。（註五一）太伯建都梅里來歸的千餘家，應有五、六千人以上，以此基礎發展七百年到孫子時代，吳國總人口應有數十萬之眾。另一個估計古代國家人口方法，春秋時代軍制與戶政合一，作戰時每家都要出兵，吳楚戰爭，吳軍兵力三萬餘，楚軍二十萬，則楚國人口應在吳國人口的六倍，即楚國在人口上佔「絕對多數」應無疑意。

（三）領土比較：

吳國領土概在今江蘇省及安徽一部，南北約四百公里，東西平均二百公里，面積八萬平方公里。

楚國領土概在今江西北側、湖北全省、四川東邊、湖南北側、河南南半部、安徽省長江以北之範圍內，東西約八百公里，南北約七百公里，面積五十六萬平方公里，為吳國領土之七倍。

（四）天然資源與產業：

吳楚同在長江流域，為物產豐富之地區，據「史記」記載當時長江南北兩岸地區，重要物產有：

江南出柑、梓、薑、桂、金、錫、連、丹沙、犀、瑇瑁、珠璣、齒革、龍門、碣；北多馬、牛、羊、旃裘、筋角；銅、鐵則千里往往山出棊置，此其大較也。（註五二）

楚國地大物博，「飯稻羹魚，或火耕而水耨，果隋嬴蛤，不待賈而足，地熱饒食，無飢饉之患。」吳國則東有海鹽，西有章山產銅，吳興產鐵。（註五三）吳楚大體上以稻米為主食，養蠶種麻和馬牛羊是主要農畜事業。楚平王十一年（吳王僚九年，前五一八年）時，吳邊邑卑梁女子與楚邊邑鍾離（安徽鳳陽）女子爭桑，楚發兵屠卑梁，吳亦發兵屠鍾離，並滅巢國（安徽巢縣）。此舉可能是種桑、養蠶、織布，當時都列為國防事業與戰略物資，才會因而發生戰爭。

吳楚兩國資源物產均豐，端看人為之開發與運用，惟楚地廣物多，吳地小物較少，此僅相對之數量。

（五）社會發展程度

楚自芈熊通建國（周平王三十年，前七四一年）以來，到柏舉之役已歷二百卅五年，其中央與地方政治組織，經濟、農業、軍制等都已建立不錯的制度，吳自壽夢建國（周簡王元年，前五八五年）才七十六年，社會發展及各種制度建立應不比楚國健全。

本節從兵力、人口、領土、物產資源、國家發展程度等五方面，比較吳楚兩國之戰力，楚國均為優勢，而孫子以較劣兵力，較少資源，大敗楚軍，此種以小搏大，以弱擊強，創以「以寡擊眾」的成功先例。

三、創千里遠征作戰之典型

春秋時代戰爭，多兩軍先在一地完成部署、對峙，從開戰到終戰結束也多在一至兩天內，因車戰隊形衝散後，就很難再次排列組合，故開戰後很快能決定勝敗。惟孫子所率之吳軍以步兵為主體，輕便、快速、機動為其特質，部隊分合自由，附表七是春秋時代重要戰役時空因素比較，從時空因素看，孫子確已突破當時固定格局的時空限制，此在春秋時代未之有也，孫子創遠征作戰之先例。他的遠征作戰指導如次：

（一）掌握作戰地區時空因素，「知戰之地，知戰之日，則可千里而會戰。不知戰地，不知戰日，則左不能救右，右不能救左，前不能救後，後不能救前，而況遠者數十里，近者

附表七：春秋時代重要戰役時空因素表

戰役名稱	發生年代	作戰地點	軍隊出發點到作戰地點距離	會戰時間	
宋楚泓之戰	宋襄公十三年 楚成王三十四年 （前六三八年）	泓水 （河南商邱南）	宋：五十公里 楚：二百公里	一天	宋敗楚勝
晉楚城濮之戰	晉文公四年 楚成王四十年 （前六三二年）	城濮 （山東濮縣臨濮集）	晉：一百公里 楚：二百公里	一天	晉勝楚敗
晉秦麻隧之戰	秦恒公廿七年 晉厲公三年 （前五七八年）	麻隧 （陝西涇陽南）	晉：三百公里 秦：五十公里	一天	秦敗晉勝
晉楚鄢陵之戰	晉厲公六年 楚共王十六年 （前五七五年）	鄢陵 （河南許昌東）	各一百五十公里	二天	晉勝楚敗
吳楚柏舉之戰	吳闔閭三年 楚昭王四年 （前五一二年）	漢水 兩岸地區	吳：一千公里 楚：二百公里	十天	吳勝楚敗

數里乎？」（註五四）

（二）優勢兵力配合地利，指向敵之弱點猛烈攻擊。「不知山林險阻沮澤之形者，不能行軍，不用鄉導者，不能得地利……故為兵之事，在于順詳敵之意，併力一向，千里殺將，是謂巧能成事。」（註五五）

（三）全程作戰計畫：對敵情，地略形勢的瞭解與掌握，就是要製訂可行的全程作戰計畫或完整構想。此在吳國而言，從建軍、備戰、緒戰、決戰，就是在執行一個即訂之計畫。

（四）後方安定和後勤補給是遠征作戰兩個必備條件，孫子主張「役不再籍、糧不三載，取用于國，因糧于敵，故軍食可足也。」（註五六）吳國遠征，由太子波守國，大夫毅及被離二人輔佐，遠征軍之後勤糧草由專人督運。（註五七）吳之三軍起程伐楚之後，亦未有再次動員兵力支援作戰，判斷吳國是做到了「役不再籍」。

陸、結語

深入瞭解孫子實戰經驗過程，檢討吳楚大戰勝敗若干因素後，發現孫子對春秋末葉軍事思想，尤指建軍、備戰、用兵及戰爭型態，有開創性的突破，他的軍事思想體系也是中國數千年來，為歷代國防建設者所參用，足證其軍事思想的創見與永恒性。

尤其孫子勇於實驗，力行實踐的精神，才是最可貴的生活智慧，蓋因孫子在面見吳王闔閭時，提出他的兵法十三篇，這時侯的十三篇僅是他研究前代兵書、戰爭史籍心得，所著的一本有關兵法書籍，並沒有機會對書中的理論原則進行實證，終於機會來了——伐楚入郢，他親自到戰場上，與闔閭、子胥等人共同出生入死，不但驗證了戰爭原則，時空因素關係，也驗證了指揮權和統帥權的關係，理論和實際差距如何呢?相信戰後孫子告別吳國政壇，修訂十三篇才是他的重點工作。

孫子是知行合一的人，不是光講理論原則的人。

◆註釋

註　一：顧俊，春秋時期的步兵（台北：木鐸出版社，七十六年四月初版），第一章，頁三四～四四。

註　二：同註一書，頁廿五，春秋戰車圖取材自：張其昀，中華五千年史，第三冊（台北：中華文化研究所，五十一年四月），頁一〇九。

註　三：同註一書，第二章。

註　四：裴溥言，詩經，下冊（台北：時報文化出版公司，七十六年元月十五日），頁五八一～五八二。

註　五：王兆春，中國古代器（台北：商務印書館，一九九四年七月初版），頁十三～十四。

註　六：張其昀，中華五千年史，第三冊，頁九四。
註　七：程光裕，徐聖謀編，中國歷史地圖，下集（台北：中國文化大學出版部，七十三年十月版），春秋戰國產業分佈圖。
註　八：同註一書，頁四四。
註　九：同註一書，頁六八。
註　十：施治，中外軍制和指揮參謀體系的演進（台北：中央文物供應社，七十年九月），頁三二一。
註十一：同註一書，頁七〇。
註十二：漢，司馬遷，史記（台北：宏業書局，七十九年十月十五日再版），頁二一一六。
註十三：史記，頁二一六二。
註十四：魏汝霖，孫子今註今譯（台北：商務印書館，七十六年四月，第三版），見謀攻篇、地形篇。
註十五：同註十四書，頁七〇。
註十六：同註十四書，始計篇、虛實篇。
註十七：同註十四書，始計篇。
註十八：同註十四書，九地篇。
註十九：同註十四書，作戰篇、軍爭篇。
註二十：同註十四書，虛實篇、軍爭篇。
註二一：同註十四書，行軍篇、地形篇。
註二二：中國歷代戰爭史，第二冊（台北：黎明文化出版公司，六十九年四月再版），頁三三五。
註二三：史記，孔子世家，頁一九一五。

註二四：同註十四書，始計篇、九變篇。
註二五：趙曄，吳越春秋（台北：商務印書館，六十七年十月臺一版），頁五五。
註二六：陳明章，諸葛兵法（台北：南京出版公司，六十七年三月），頁八六。
註二七：同註十四書，軍爭篇。
註二八：同註六書，頁八四。
註二九：同註二五書，頁六四。
註三十：晉．杜預，春秋經傳集解（台北：新興書局，七十年六月），頁三七八。
註三一：同註十四書，地形篇。
註三二：同註十四書，用間篇。
註三三：同註十四書，軍爭篇。
註三四：同註二五書，頁四〇。
註三五：同註十四書，火攻篇。
註三六：同註十四書，謀攻篇。
註三七：同註十四書，始計篇。
註三八：同註十四書，軍形篇。
註三九：同註十四書，作戰篇。
註四十：同註十四書，虛實篇。
註四一：同註十四書，九變篇、謀攻篇、地形篇。
註四二：同註十四書，始計篇、九地篇。

註四三：同註十四書，謀攻篇、虛實篇。

註四四：柳玲，中國古代兵書（台北：商務印書館，一九九四年七月）頁六〇；另見施治，中外軍制和指揮參謀體系的演進，頁二九。

註四五：孫鍾茂，「晉楚城濮之戰研究」，三軍聯合月刊，第十一卷，第十二期（六十三年二月一日），頁四九～五五。城濮之戰經過詳見，中國歷代戰爭史，第一冊，第二卷，第四章。

註四六：春秋重要戰役兵力，參閱中國歷代戰爭史，第一冊，第二卷，三～九章。

註四七：孫一之，武經七書（台北：星光出版社，六十五年十二月二十五日再版），頁一七〇。

註四八：文崇一，楚文化研究（台北：東大圖書公司，七十九年四月），頁一〇〇。

註四九：吳越春秋，頁七～八。

註五十：賴澤涵，「我國家庭的組成、權力結構及婦女地位之變遷」；中央研究院，三民主義研究所叢刊（九），七十四年重印版，頁三八三～三八五。

註五一：同註四八。

註五二：史記，貨殖列傳，頁三二五三～三二五四。

註五三：同註五二，頁三二六七～三二七〇。

註五四：同註十四書，虛實篇。

註五五：同註十四書，九地篇。

註五六：同註十四書，作戰篇。

註五七：王建東，孫子兵法思想體系精解（台北：文岡圖書公司，六十八年三月再版），頁一五。

第九章

孫子兵法的現代意義

壹、前言

本書研究孫子實戰經驗到此，不再區分「理論」與「實際」的分別，因孫子兵法已經過孫子本人親自實證。現在要賦于孫子兵法的現代意義，研究歷史若無現代意義或功能，吾人何須大費週章，埋首古籍之中呢？

孫子兵法自曹操註釋「孫子」以來，今古註孫子者已一百五十餘家，中外帝王將相多將「孫子」列為必讀經典，尤其到了現代，孫子兵法似有發展成「全方位」適用之趨勢，除用於國防、軍事、戰爭指導外，目前坊間已有工商、經濟、管理、談判、愛情、企業經營、行銷、市場、競選、生涯規劃、女人、生活等各種孫子兵法，都是運用孫子兵法上的原理原

則，來結合在整個「人生」的流程上面，使人生、事業、國家、社會，達到更臻成功與完美的境界。這難到不是另一個「孫學」（Sunology）嗎？（註一）

當然，本書研究孫子兵法的現代意義，仍以國防軍事之範圍，特別是中華民國現在面臨的國際環境，中共武力威脅，中國如何邁向統一？台澎防衛作戰之相關問題，孫子兵法應有足資啟發、指導、運用或參考之處，這才是所要的孫子兵法之現代意義，本文從戰略、台海作戰、政治與軍事等方面論述之。

貳、孫子戰略思想對我國現況下的現代意義

以下仍按孫子戰略思想的四個層次：大戰略、國家戰略、軍事戰略、野戰戰略，逐一觀察對我國現況處境的現代意義。

一、孫子大戰略的現代意義

孫子講大戰略有四部份：

（一）大戰略的重要：「不爭天下之交，不養天下之權，信己之私，威加於敵，故其城可拔，其國可隳。」（註二）這說明不在國際上爭取友邦支持，孤立敵國，只在兵力武器上

與敵國爭，最後可能得到亡國的結果。

（二）大戰略的目的：「上兵伐謀，其次伐交。」「不知諸侯之謀者，不能豫交。」（註三）這說明運用大戰略，即聯合自己友邦，拉攏中立的第三國，分化敵之與國，造成國際全面支持，使敵國陷於孤立無援狀態。

（三）大戰略的本質：「智者之慮，必雜以利害，雜於利而務可信也，雜於害而患可解也。是故屈諸侯者以害，役諸侯者以業，趨諸侯者以利。」（註四）這說明大戰略的本質在「利」，趨利避害是設計大戰略的主要著眼，國家利益才是最高考量。所以國與國之間因利害而分，亦因利害而合，這個利害必須是長遠的考慮，故須深謀遠慮。

（四）區域安全體系之建立：「諸侯之地三屬，先至而得天下之眾者，為衢地……衢地則合交……衢地吾將固其結。」（註五）這是同一區域內，地理位置相接壤的國家，利害關係一致性很高，區域內有任何衝突，不論是否介入，都會與我產生利害關係。故平時就要建立良好關係，尤其在攻治、軍事上「固其結」（建立區域共同安全體系），才合乎大戰略部署原則。

今天的國際局勢較之春秋時代，複雜程度已超過千百倍，而面對後冷戰時代經貿重要性提高，解決重大政軍問題的方法，也以協調取代對立，這是對我國有利的地方。然而，中華民國安全威脅還是來自三方面，「中共侵犯、國土分裂、區域衝突」。面對鉅變，各種情結糾纏不清，孫子兵法的大戰略固然可以做為一般性的指導，確不能硬套來用，應有所變通調

整，中華民國的大戰略才能走出美景，提其要者如次：

（一）全勝、全敗與雙贏：

孫子兵法的大戰略思想，基本上是中國傳統式的「二分法」原則，敵我之間須有明確界線，雙方處於「全勝」與「全敗」關係。即我透過「伐謀伐交」爭取最大最多國際友邦支持，以得「全勝」；而拉攏中立的第三國，分化敵之與國，使敵陷於孤立無援，淪於「全敗」。今天中華民國想在國際上拓展生存空間，方向正確，但要避免孤立中共，亦不挑戰其主權，創造雙贏與共存，這才是孫子大戰略的新創。

（二）趨利避害心態的調整：

中國人講到「利」字，就要板起臉孔說人家「不道德」，這種觀念危害中國二千多年，殊不知孫子老早說過智者之慮，必雜以利害，趨諸侯以利的話，這也表示孫子大戰略本質所說的趨利避害，並未被歷代主持外交者所接受，蓋因傳統中國數千年來自命「中」國，四鄰之內都是夷狄，不須外交，更不須要甚麼趨利避害的大戰略。只須用仁義，就可以「近悅遠來」。明末以後中國人開始與西洋諸邦有接觸，然亦謹守「仁義外交」，數百年來似乎領悟不多。

台灣近年來為突破中共外交封殺，開始運用若干趨利避害的大戰略原則，花一點小錢幫助須要幫助的國家，在國內政壇確有頗多歧意。這顯示若非「仁義道德」的外交心態尚未調整過來，就是他不懂國際關係的經營，從長遠的大戰略規劃來看，花錢是必要的，不花錢而想得到利益，未之有也。英國外交鐵律是：沒有永遠的朋友，也沒有永遠的敵人。這句話正是以詮釋我國孫子的大戰略本質，朝野對大戰略本質之認知實有建立共識的必要。

（三）邁向亞太集體安全：

中華民國目前在台灣雖四面臨海，但將視野放寬，就會發現也有不少地理位置相接壤的鄰國。如北有日本、俄羅斯、南北韓；南有菲律賓、越南、馬來西亞、新加坡；向東太平洋地區重要者有美、加等國；西有中華人民共和國。這些地方要「固其結」，則成為亞太集體安全之一員，進入聯合國應是中華民國大戰略上必須努力的工作。

（四）全方位東西南北進出

用孫子的大戰略觀點，針對我國現在國際環境加以調整，則以全方位向四方拓展外交關係的方向是正確的，基本上北方、東方、南方必須積極進出，向西「以和止戰」，不斷提昇接觸層次。當然遠的歐洲、美洲、非洲等地區應相機主動出擊。而在這全方位進出的同時，必須避免中共產生台灣搞獨立或兩國中國的印象，使軍事衝突的敏感性降到最低，這兩方面如何找到一個平衡點，乃至高無尚的政治智慧。

二、孫子國家戰略的現代意義

孫子對戰略的構思是以國家戰略為優先，先確定了國家戰略目標，再以國家戰略指導大

戰略。從國家利益的優先考量，再訂大戰略，較有利於國家戰略之遂行，即使沒有聯盟關係也能運用大戰略，開拓有利的國際關係，我國在抗戰時期就是先確立「抗戰建國」國家目標，再運用大戰略以獲得國際有利支援。（註六）我國目前在國家戰略的運用上，應有下列之努力：

（一）如何凝聚政軍經心四大國力？

國家戰略最根本的問題，就是在如何凝聚「政軍經心」四大國力。在政治上，建立民主政治之常軌，政治清明，在安定中不斷發展，軍事上，建立一支可以確保國家安全的軍隊，並能軍隊國家化，不為政爭之工具或個人的政治資源。經濟上，在自由化、國際化的前提下，向亞太營運中心邁進，兩岸經貿發展要避免受制於中共。心理上，是民心士氣的凝聚和國家意識的培養，這四方面若能不出大錯，國家戰略的基礎就算穩固。

（二）國家認同與國家觀念是當前最大隱憂：

國家認同（National Identity）在孫子時代並不成為問題，「楚才晉用」視為常態，孫子本人就是齊人吳用，但孫子及其兵法則有強烈的國家觀念，被中國人視為「忠」的標準，例如兵法上說：「兵者，國之大事」、「全國為上」、「而利於主，國之寶也」、「亡國不可復存」、「其國可隳」。（註七）因為國家觀念若不明確，就影響國家戰略之建立，其他各層次戰略都很可能隨之落空，今天國內最大隱憂就在國家認同與國家觀念上的分歧，三大政黨

（國民黨、民進黨、親民黨）及部份國民，對「國家」的解讀各有不同定義。這將使政、軍、經、心四大國力相互抵消，國家戰略無從建立，大戰略沒有結果，軍事戰略及野戰戰略無所適從；子子孫孫都會淪於相互鬥爭、拼殺、攻伐的惡性循環之中。這就是孫子說的「其城可拔，其國可墮」（註八）——亡國亡種，國內政壇人物實應發揮政治良知，深思之。

㈢ 國家戰略目標之完成：

就國家戰略而言，凝聚四大國力的目的，是要完成國家戰略目標——即完成國家統一，以利進行國家整合（National Integration），發展成一個現代國家。（註九）目前海峽兩岸之處境，只有「一個中國，完成中國統一」，國家戰略目標應有共識，最大的問題是在法律意義上，中國領域內存在了三個國家：中國、中華民國、中華人民共和國。若海峽兩岸中國人能深確體認後三點意義，國家戰略目標——中國統一，應可預見。

1.「中國」是一個法人，不是個概念。

2.中華民國與中華人民共和國與「中國」，只有「代表」關係，而不是「同一」。

3.中華民國與中華人民共和國共同享有國家人格，並不會造成「中國」的永久分裂。（註十）

孫子的國家戰略「全國為上，破國次之」，（註十一）應能提供兩岸中國人，尤其領導階層精英，完成國家統一的思考方向。

三、孫子軍事戰略的現代意義

在軍事戰略的範圍內，我國也面臨諸多尚待解決的問題，孫子兵法給我們甚麼啟示呢？

（一）建軍方面：

孫子是精兵主義者，他說「兵無選鋒，曰北。」（註十二）所謂「選鋒」，就是選擇素質好的兵力，孫子兵法論勝敗亦從不靠人多，故吳國三軍總兵力為三萬餘，我國三軍武力要維持多少，近年頗有爭議。按我國目前三軍總兵力是四十五萬，佔全國總人口百分之二；十年兵力規劃到民國九十二年維持四十萬兵力，佔全國總人口百分之一．七；與先進民主國家之標準相同。惟各國在人口、土地、國家安全顧慮程度不同，比率不盡相同，以色列是百分之三．一，美國百分之〇．八五．中共百分之〇．四，多少才算合理？恃吾有以待之，而能「全國」為上，應是可以參考的標準。

建軍非光是兵力足夠，還有兵力素質的問題，素質不提昇，精兵目標亦將落空，國軍目前廣拓軍官來源，精進士官制度，各軍事院校仍然招生困難。主事者每謂社會變遷或金錢誘因不足等，但筆者以三十三年軍人生涯之觀察體驗，更深信本質還是制度問題，沒有建立公正、客觀、正義原則的軍士官任用發展制度，徒用休假、獎金做誘因，終非治本長遠之道。

孫子曰：「法者，曲制、官道、主用也。」（註十三）只有從制度著手才是建軍之道。

(二) 備戰方面：

孫子的備戰思想，以有備無患、知己知彼為要點，所以他說：無恃其不來，恃吾有以待之；無恃其不攻，恃吾有所不可攻也。」（註十四）但孫子恐更重視民心士氣與全體國民團結一致，有勇於備戰、決戰之意志，才是確保國家永存，免受外來侵略之道。故孫子又說：「道者，令民與上同意，可與之死，可與之生，而不畏危也。」「上下同欲者勝。」（註十五）由此觀之，台灣顯然要加強，在民國八十三年八月一本名叫「一九九五閏八月」的書上市，該書預言一九九五年閏八月或九六、九七年間，中共將發動台戰爭，以武力統一中國，為台灣的T日（Taiwan's Fall Day）。（註十六）立即引起社會各階層一陣恐慌，甚至帶動所謂「第二波移民潮」。綜觀該書，使用頗多一般野史、小說中的資料與詞彙，做為戰爭預言的註解，如神秘教派、諱讖、奇門遁甲、推背圖、紫微斗數、天機、異夢等，戰爭會不會爆發？要從政軍情勢判斷、情報判斷、戰略態勢這些方面去分析，而不是用甚麼推背圖之類東西去算。由此也看出我們民心士氣尚待凝聚，備戰決心不足，尤其社會上有太多非理性氣氛，對戰備整備均非有利。

「戰略」是一種純理性思考，所以觀察敵情、作戰準備，都必須依據事實觀察來做判斷、分析；凡是無根據、不能觀察者須完全排除。孫子說：「禁祥去疑」、「先知者，不可取于鬼神，不可象于事，不可驗于度，必取于人，知敵之情者也。」（註十七）孫子在兩千

多年前就知道用客觀、理性、科學方法思考戰爭問題，此誠當前社會各階層所欠缺。

(三) 台澎防衛作戰計畫之商榷：

戰爭計畫是軍事戰略重要之一部，計畫準備愈週全，成功公算愈高，孫子明白指出計畫的重要：

> 夫未戰而廟算勝者，得算多也；未算而廟算不勝者，得算少也；多算勝，少算不勝，而況於無算乎？吾以此觀之，勝負見矣。」（註十八）

按國防白皮書所述，目前國防政策已由往年的攻守一體，改為「守勢作戰」。（註十九）孫子認為一味採守勢不可取，亦不合戰略原則，他說：「不可勝者，守也；可勝者，攻也。守則不足，攻則有餘。」當然孫子對守勢作戰若為勢在必採，也有很好指導，此即「善守者，藏于九地之下。」把兵力、火力、指揮系統、重要軍品全都地下化，如目前的金馬地區。但孫子對如何破解「善守者」也有指導，他說：「善攻者，動于九天之上。」（註二十）換言之，守勢作戰不論如何守，守的天衣無縫，水泄不通，若來犯之敵採動于九天之上還是守不住。這種情形一九九一年波斯灣戰爭就是實例，伊拉克把重要武器、飛機、指揮系統全部「藏于九地之下」——地下化；聯軍採「動于九天之上」；發動猛烈的空中攻勢，伊拉克地面武力幾遭全殲，最後再發動地面攻勢，伊拉克部隊已無還手之餘力。

國防白皮書對守勢作戰的防衛指導，稱依戰略持久，戰術速決，動員後備力量，運用總體力量；藉空中防衛、海上防衛、陸地防衛諸作戰手段。適時集中優勢兵力，擊滅進犯敵軍，以確保國家安全。（註二一）可見是純守勢作戰，台澎防衛作戰計畫不論是受立法院，或在野黨若干非理因素所製訂，對台灣地區二千三百萬同胞安全是不利的。攻勢作戰，或攻守一體不但較合乎戰略原則，確保國家、人民、財富安全，也較能掌握主動。

四、孫子野戰戰略的現代意義

孫子兵法的野戰戰略，對台海防衛作戰之野戰用兵，有兩方面問題深俱參考價值，我軍若想「用兵如神」，須研究改進之。

（一）戰爭原則的實用性評估：

現代研究孫子野戰用兵者，歸納其戰爭原則有十項：計畫原則與奇襲、動員原則與速度、全勝原則與謀攻、先勝原則與優勢、奇正原則與運動、主動原則與虛實、機動原則與會戰、利害原則與地形、先知原則與特種地形、先知原則與戰術地形。（註二二）我們的國民革命軍與中共的人民解放軍，在野戰用兵上也製訂有戰爭十大原則（附表八）。（註二三）比較敵我兩軍野戰用兵原則，最合乎孫子野戰戰略原則者，應有目標、主動、奇襲、機動、

集中等項，這些也都是古今用兵重要原則，惟用兵原則標準訂的高，必須有以支持者。

「支持者」何在？即依賴練兵、武器、裝備為支持，故今後台灣在建軍、備戰、後勤發展方面，應研究如何支持野戰用兵原則，使原則更趨實用，在實際戰場用兵時更臻完美。

（二）台灣在野戰用兵上的三個成敗關鍵：

台海戰役萬一爆發，最理想是殲敵於海上、沙灘，若不得已演變成陸上作戰，情勢顯然危急。惟在用兵方面能緊握三大門道，還是可以扭轉戰局，將登陸之敵殲滅於島內，此即內線與外線作戰、集中與節約、機動與速度。

附表八：中共與我戰爭原則比較表

項次	我戰爭十大原則	中共戰爭十大原則
1	目標原則與重點	目標：主在殲滅敵人有生力量
2	主動原則與彈性	主動：迫敵追隨己方意志
3	攻勢原則與準備	攻勢：殲敵主要手段，以求全殲
4	組織原則與職責	殲滅：逐次殲滅或小型殲滅
5	統一原則與合作	協同：兵軍種協同一致
6	集中原則與節約	集中：形成局部優勢，企圖決戰
7	機動原則與速度	變化：戰術靈活，行動自由
8	奇襲原則與欺敵	奇襲：秘密神速，出敵不意而決戰
9	安全原則與情報	連戰：不休息接連打幾個戰
10	士氣原則與紀律	士氣：戰爭勝負決定性因素

1.內線與外線作戰：

台海之戰為「內線與外線」作戰之典型（如附圖二〇），對共軍言為優勢兵力，採外線包圍；對國軍言為劣勢兵力，採內線戰法。

孫子兵法對內線作戰指導為，「使敵前後不相及，眾寡不相恃，貴賤不相救，上下不相收，卒離而不集，兵合而不齊。」（註二四）按台灣現況，共軍必然分批，在不同地點登陸台灣本島，因台灣地障必然使兵力分離，這就是內線作戰軍（國軍）殲敵的機會。必乘敵前後不相及，上下不相收之際，先以少數兵力拘束或阻敵於某一地區，集中優勢兵力殲滅主要方面之敵，再轉用兵力殲滅次要方面之敵，故內線作戰戰略行動之程序有三：

(1)利用、確保敵之分離狀態。

(2)先擊滅某一方面之敵。

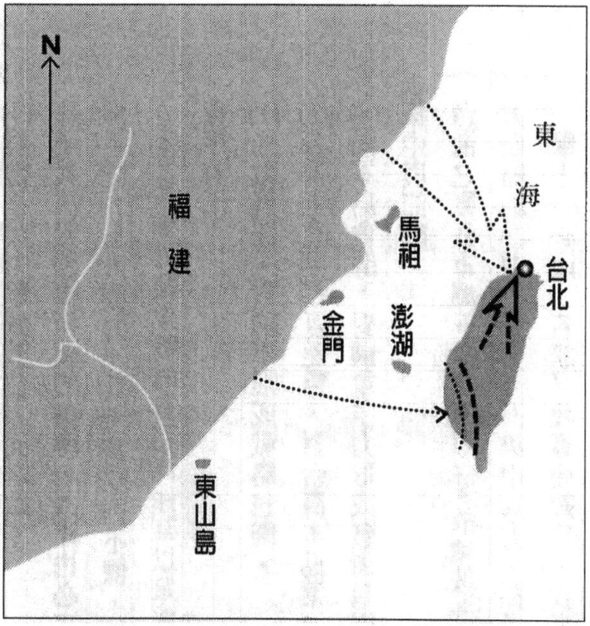

附圖二十：台澎防衛內、外線作戰示意圖

(3)再轉移兵力擊滅其他方面之敵。

孫子兵法對外線作戰的指導，共軍也必定要加以運用，「投之無所往，死且不北，死焉不得，士人盡力。兵士甚陷則不懼，無所往則固，深入則拘，不得已則鬥。」（註二五）共軍外線作戰的有利條件為以眾擊寡、制空、制海能力，故外線作戰戰略行動程序有三：

(1)先敵展開，對國軍形成戰略包圍。

(2)各海上兵團相互連擊，對台灣本島須連續取攻勢壓迫。

(3)向本島會師，對國軍主力形成戰術包圍，以絕對優勢之兵火力殲滅國軍。

2.集中與節約：

台海之戰我軍屬「以寡擊眾」，故須按「集中與節約」原則，形成「局部優勢」，次要方面節約兵力，主要方面集中兵力，孫子所說劣勢兵力又不知集中與節約，造成「以一擊十」必敗，若能「我專而敵分，我專為一，敵分為十，是以十攻其一也。則我眾而敵寡，則我之所與戰者，約矣。」（註二六）縱使總兵力劣勢，也一樣可以在特定之時空內形成優勢。

3.機動與速度：

台澎防衛作戰最後決定存亡之一戰，便是本島決戰，共軍以絕對優勢兵火力，行外線作戰，強行登陸台灣島內；國軍以劣勢兵力行內線作戰，此時國軍南北、東西兵力之機動速度，相互支援轉用兵力之速度，恐是內陸決戰勝敗關鍵。台灣南北四百公里間，有數十條大、小東西向河川，屆時橋樑早已遭受破壞，又因中央山脈阻隔，西部兵力轉用東部困難。諸多問題都有賴整體長遠的國家戰略來考量，從平時的戰備整備開始經營。

機動與速度為支持內線作戰，集中與節約之必要條件，故三者實一體三面，相互為用，才能確保台海防衛作戰之成功。

參、政治與軍事關係

吾人研究孫子兵法之餘，進而研究孫子實戰經驗，仔細觀察孫子從生活實踐上，再去印證他自己兵法上的原理原則，發現孫子對政治與軍事的分際，隱含有很高明的智慧，為百代以來政治家與軍事家依循之南針。

一、指揮權與統帥權相互獨立

指揮權與統帥權所以要獨立，源於「專業」，政治人物與軍事人員各有其專長，應在不

同領域內發揮所長，避免因不懂或認識瞭解不足，產生相互干擾，故二者須有明顯分際，方便行使其權力。

（一）軍事將領的重要性：

軍事將領依其對戰略、戰術特有之專長，帶兵用兵與作戰為其天職，戰爭決定國家存亡。古今多少朝代更替，帝國興亡，都在幾場決定性的戰役。孫子曰：「夫將者，國之輔也，輔周則國必強，輔隙則國必弱。」（註二七）因為軍事將領關係戰爭勝敗與國家強弱興亡，地位特殊，故不受政治人物之干擾，特別是要獨立於政潮起落或政爭之外。

（二）指揮權獨立：

國家元首（古代君王、皇帝、現代總統）為三軍統帥，是古今中外多數存在之事實，故元首握有統帥權，但元首未必知兵事，縱使知兵，對戰場狀況未必瞭解，故對戰地指揮官的用兵指揮權不能任意干涉，否則將導至「亂軍引勝」——自亂而引敵致勝。孫子說：

> 軍之所患于君者三：不知三軍之不可以進，而謂之進；不知三軍之不可以退，而謂之退，是謂縻軍；不知三軍之事，而同三軍之政，則軍士惑矣。不知三軍之權，而同三軍之任，則軍士疑矣。三軍即惑且疑，則諸侯之難至矣，是謂亂軍引勝。（註二八）

三軍統帥（含政治人物）對軍事指揮權的干擾，造成縻軍（指揮系統錯亂），官兵疑惑（不知為何而戰？），使戰爭失利，真是筆之不盡。美國在越戰如是而敗，一九九一年在波灣之戰反之而勝；國軍早年剿共失利，都是敗於政治因素。

（三）野戰用兵的充份自由：

凸顯軍事將領的專業精神，爭取軍事指揮權之獨立，孫子最終之目的還是希望軍事將領在野戰用兵時，能夠確保充份之自由。他說：

> 治軍御眾，行賞之法，施令之政，蓋有常理。今欲犯三軍之眾，使不知其利害。多方誤敵。而因利制權。故賞不可以拘常法。令不可以執常政。噫，常法之賞不足以愚眾，常政之令不足以感人。則賞有時而不以，令有時而不執者，將軍之權也。（註二九）

野戰用兵須因敵而勝，故不能拘於常法常令，此將軍之權也，孫子試演宮女，欲斬闔閭愛姬，闔閭求情勿斬時，孫子曰：「臣既已受命為將，將在軍，君命有所不受。」（註三十）伐楚歸國後，孫子請辭退休，顯然是伐楚戰爭過程中，軍事用兵之權受到太多不當政治干擾，且未來也難於避免，預判闔閭北進中原可能失利，故先請辭。以古觀今，近年國防預算多少爭議頗多，惟朝野各黨都採「地攤叫價式分配法」，鮮少從國防安全、國家戰略之有系

統評估，軍人（尤其軍事將領），成為民意代表「抹黑」的對象，此為國防安全之隱憂。

二、軍事將領的政治分際

中國的政治文化似乎很重視軍事將領在軍事與政治上把握一個分際，即軍人永遠不涉及政爭與政朝，對軍人（尤其高級將領）的評價，除了他的軍事才能外，更重視他的「政治智慧」，這就是現代人所說「懂政治，而不管政治」。軍人是否受當代崇敬，甚至成為千秋之典型，實為軍事素養與政治智慧之和。當然也有身跨政軍兩棲仍偉大者，如孔明，必竟他除了是兵法家之外，也是政治家，而他的偉大之處就在「沒有政治野心」，這才是他更了不起的政治智慧。吾人研究孫子實戰經驗，發現他的偉大除了「孫子十三篇」外，是他在政治與軍事之間把握在一個合理之分際，使他成為偉大軍人之典型。

（一）建議與堅持之間

理論與實際常有差距，甚有相左者。政令與軍令有別，指揮權與統帥權有分，固然孫子所堅持，但吳王闔閭未必認同，當用兵指揮權和闔閭統帥權（或孫子與闔閭意見），相抵觸或難成一致時，孫子如何處理？列舉四個史事研究之：

1.演練宮女時對斬二姬事，堅持之。

2.伐養後闔閭欲伐楚，孫子建議再緩。

3.孫子建議羋勝為楚王繼承人，闔閭未接納。

4.秦楚聯軍敗吳軍後，孫子堅持不再戰。

從以上四件事情證明，對用兵作戰之事，孫子通常是比較堅持，對政治問題，如楚王人選的問題，就不堅持己見，換一個角度也許可以解釋，伐楚之前闔閭為了須要孫子才能，對孫子的堅持只好容忍接受；伐楚之後闔閭自以為目的已達到，對孫子開始不重視。這亦顯見闔閭之弱點，欠缺用人的智慧及長遠的眼光。

（二）功高不震主：

中國歷史上多少立下汗馬功勞的名將，當他功成名就後，常因政治與軍事沒有妥善分際，落得身敗名裂，或因「功高震主」遭致殺身之禍。吳伐楚入郢是闔閭一生霸業巔峰，但這是孫子策劃佈署、建軍練兵，轉戰千里，經過將近十年而成就之偉業，司馬遷在「史記」中頌揚他，孫子的功勞不謂不大，至少在當時吳國朝野應是顯貴一時，名重當代。但據現存史料分析，未發現孫子有「功高震主」或其他政治野心之情事。或許孫子能洞察世事，深知盛極必衰的道理，對闔閭貪戀楚國宮室美女，伍子胥、伯嚭之戮墓鞭屍行為，深感絕非戰爭之道。吳軍歸國後，毅然引退，隱居終老，就是這樣一個淡泊名利的孫子，才成為古今中外軍人的典型，讓我們更佩服他。

肆、結語

孫子兵法已成現代之顯學，各行各業，各個領域內都有運用孫子兵法之原理原則，做為人生與事業的指導。但對國家而言，當國際社會進入後冷戰時代，當兩岸關係可能邁入對話時代，孫子的「不戰、慎戰」原理深值兩岸中國人思之。尤其孫子說的「兵者，國之大事，死生之地，存亡之道，不可不察也。」（註三二）試想中共發動台海之戰，武力犯台，對中華民族千萬代，子子孫孫之和諧團結何利之有？不可不察也！

從戰略觀點而言，仍應以國家戰略為根本，來指導大戰略之開拓，建立軍事戰略及野戰戰略，尤其國家戰略目標——中國之統一，是目前兩岸尚有之共識，不論階段或長遠觀點，目標都必須明確、肯定、不容搖擺、存疑。國家如同人生，沒有目標同樣危險。

◆註釋

註　一：一般我們在學術上稱「孫學」（Sunology），指　國父孫中山先生的學術思想。但現代研究孫子兵法者眾，使孫子兵法的適用範圍愈形廣闊，日新又新，故作者稱 Sunology 的第二意義，是孫子兵法之學。

註　二：魏汝霖，孫子兵法今註今譯（台北：商務印書館，七十六年四月修訂三版），九地篇。

註　三：同註二書，謀攻篇、軍事篇。

註　四：同註二書，九地篇。

註　五：同註二書，九地篇。

註　六：李啓明，孫子兵法與現代戰略（台北：黎明文化出版公司，八十年四月），頁五。

註　七：同註二書，始計篇、謀攻篇、地形篇、火攻篇、九地篇。

註　八：同註二書，九地篇。

註　九：國家整合乃強調領土內，各「次級團體」（Subgroups），或是「內部結構」相互依存關係逐漸增強的過程。彭堅汶，孫中山三民主義建國與政治發展理論之研究（台北：時英出版社，七十六年十二月），第二章，頁五九～六〇。

註　十：張亞中，「中國主權歸屬與兩岸國家人格的再詮釋」，問題與研究，第三十三卷，第十期（八十三年十月），頁二二～三二。

註十一：同註二書，謀攻篇。

註十二：同註二書，地形篇。

註十三：同註二書，始計篇。

註十四：同註二書，九變篇。

註十五：同註二書，始計篇、謀攻篇。

註十六：鄭浪平，一九九五閏八月（台北：商周文化事業有限公司，八十三年八月一日出版），序及第一章。

註十七：同註二書，九地篇、用間篇。

註十八：同註二書，始計篇。

註十九：八十三年國防白皮書，黎明文化事業公司，八十三年三月初版，頁七十三。

註二十：關於攻守之見，參閱孫子兵法軍形篇。

註二一：同註十九書，第二篇，第三章。

註二二：王建東，孫子兵法思想體系精解（台北：文岡圖書公司，六十八年三月再版），頁七三。

註二三：陳福成，「對常與變戰爭理念之體認」，陸軍學術月刊，第廿九卷，第三三六期（八十二年八月十六日），頁十九～二四。

註二四：同註二書，九地篇。

註二五：同註二十四。

註二六：同註二書，地形篇、虛實篇。

註二七：同註二書，謀攻篇。

註二八：同註二七。

註二九：楊家駱主編，孫子十家注（台北：世界書局，七十三年三月再版），孫子十家注遺說，頁二五四。

註三十：司馬遷，史記，孫子吳起列傳（台北：宏業書局，七十九年十月十五日），頁二一六一。

註三一：同註二書，始計篇。

結論

本書研究孫子實戰經驗，還有以下幾點為結論：

一、拋磚引玉

孫子兵法已成現代之顯學，但世人研究孫子兵法者，仍限於從他的十三篇之原理原則，與古今其他戰史及各行業領域的知識，相互印證，企圖從孫子兵法找到可以依循運用之法則。如商用孫子兵法、談判孫子兵法，目前在社會上頗為流行。惟數千年來，未有研究孫子實戰經驗之專著，本書用現代研究法（附圖均按現代軍事作圖規範），雖告完成，但史料不全，應有翦陋，希望現在拋出一塊磚，引起更多人研究孫子實戰經驗，必竟，生活實踐比之理論研究，等量重要。

二、立德、立言、立功

吾人研孫子數十年，都止於十三篇，故大多認為孫子一生最大的貢獻在立言——留下一部真、善、美，永垂不朽的兵法寶典「孫子兵法十三篇」，少有人知道他有立德、立功方面的實況，中外皆然，西方研究孫子者亦止於十三篇，惟近年作者發現孫子尚有鮮為人知之一面，立德、立功方面，他帶兵打仗「西征北伐」，與吳王君臣相處十年。他的道德情操、豐功偉業，以及他的兵法寶典，建構他完美的人生：立德、立言、立功。我相信他在萬世之後，仍為軍人標竿，更為所有人標竿。

三、知行合一、力行實踐者

孫子兵法立論、陳義極高，但應然是一回事，實然可能是另一回事，二者往往有差距，孫子卻勇於實踐印證，十三篇的理想立論是他一生智慧的結晶，理想不能放棄；但理想與現實的距離他接受了，所以他才能淡泊名利，更顯其偉大，做為一個已經進入西元二千年的現代人，孫子給我們甚麼啟示，我們常只知應然，不知實然，而與現實人生與社會脫節；或只知實然，不知應然，弄得一個現實冷酷，凡此皆非人生之常態，看看孫子，他是知行合一，力行實踐者。

四、國家是運用兵法的開始

有了國家才須要兵法，故戰略雖有四個層次（大戰略、國家戰略、軍事戰略、野戰戰略），但以國家戰略為總指導，人是在有了國家之後，才得以安定，得以發展，這時才須要兵法。愛斯基摩人和吉卜賽人須要兵法嗎？今天我們從孫子兵法的國家戰略來思考國家前途，必須從根本上凝聚國家戰略的四種力量──政治力、軍事力、經濟力、心理力。

分裂將使力量抵消、分散，國將不在。

五、超越時空的普遍性原則

孫子兵法完成於二千五百年前，在東方社會，從古代、中古、近代，一直適用到現代，愈見其不受時空限制的普遍性智慧，被廣泛的運用。在西方，孫子兵法影響現代軍事思想頗大，政治家、軍事將領幾無不讀孫子。「新戰爭論」一書指出，今天軍中人士已經逐漸擺脫大規模殲滅戰理論。他們最常說的名言是孫子兵法中，「是故百戰百勝，非善之善者也；不戰而屈人之兵，善之善者也。」（註一）當世界局勢進入後冷戰時代，當人類邁向二千年，甚至更久遠的未來，孫子兵法會有更普遍的運用。

我們因研究孫子及其兵法，愈覺中華文化的博大精奧，悠久無疆，更從「不戰」原理中

體驗到中國文化的人文精神，這才是孫子兵法的可貴與奧妙。

六、「常」與「變」消長互補之用

孫子兵法雖有超越時空的普遍性原則之特質，但孫子對「變道」之用則視為「常道」的相對概念，同樣是兵法中至高無上的藝術。如九變篇、兵勢篇、虛實篇都在闡揚變道之無常與運用，從孫子實戰經驗及其兵法，吾人依然體悟「常」可守，不可固守，蓋固守於某一常道，必拘泥於形式法則，不論兵法與人生都可能囿於一隅，難有翱翔晴空的自由或機會。另一方面「變」可變，不可亂變，蓋戰爭之能否全勝或潰敗？人生之能否成功或毀滅？通常都決於變局出現之時，故常與變之利害一致，有相互消長與互補作用。

人生如戰場，事業如同用兵，人生所面臨的一切領域，所投入之一切事業，勿論國家戰略、建軍備戰，乃至求學讀書、婚姻生活、接物交友、出世入世等，同樣要面臨常與變之用；如何守常用變，而達全勝，此應為孫子要告訴我們的一句最有價值的話。

◆註釋

註　一：艾文・托佛勒、海帝・托佛勒（Alvin and Heidi Toffler），新戰爭論（War andAntitwar），傅凌譯，初版（台北：時報文化出版公司，一九九四年一月十五日），頁一六九。

參考書目

◎古籍（原典）

1.袁少谷註，左傳詳釋，台北：五洲出版社，六十年四月一日。

2.李漁叔註，墨子今註今譯，台北：台灣商務印書館，六十三年五月。

3.李宗侗，春秋公羊傳今註今譯，台北：台灣商務印書館，六十二年五月。

4.尹仲容，呂氏春秋校釋，台北：中華叢書委員會，四十七年七用。

5.晉，杜預注，春秋經傳集解，台北：新興書局，七十年六月。

6.漢，司馬遷，史記，台北：宏業書局，七十九年十月十五日。

7.漢，袁康、吳平，越絕書，台北：世界書局，五十一年十一月。

8.趙曄，吳越春秋，台北：台灣商務印書館，六十七年十月台一版。

9.魏，曹操等注，孫子十家注，台北：世界書局，七十三年三月。

10.周，左丘明．國語，台北：漢京文化事業公司，七十二年十二月卅一日。

11.魏汝霖註，孫子今註今譯，台北：台灣商務印書館，七十六年四月修訂三版。

◎書籍

12. 徐瑜編，孫子兵法，台北：時報文化出版公司，七十六年元月十五日。
13. 陳明章，諸葛兵法，台北：南京出版公司，六十七年三月。
14. 孫一之，武經七書，台北：星光出版社，六十五年十二月廿五日。
15. 劉寅，孫吳兵法直解，台北：泰華堂出版社，台北：六十三年七月。
16. 裴溥言，詩經，台北：時報文化出版公司，七十六年元月十五日。
17. 孫鐵剛，左傳，台北：時報文化出版公司，七十六年元月十五日。
18. 鈕先鍾，戰略論，台灣省訓練團，七十六年十一月。
19. 柳玲，中國古代兵書，台北：台灣商務印書館，一九九四年七月。
20. 大軍指揮——野戰戰略之部（出版資料不詳）。
21. 汪大鑄，國防地理，台北：帕米爾書店，四十四年十一月。
22. 鈕先鍾，戰略研究與戰略思想，台北：軍事譯粹社，七十七年十月十日。
23. 魏汝霖、劉仲平，中國軍事思想史，台北：黎明文化事業公司，七十年五月三版。
24. 劉仲平，中國軍事思想，台北：中央文物供應社，七十年十二月。
25. 張金鑑，中國政治制度史，台北：三民書局，六十二年九月四版。
26. 李啓明，中國後勤體制，台北：中央文物供應社，七十一年一月。

27. 顧俊，春秋時期的步兵，台北：木鐸出版社，七十六年四月。
28. 鄭浪平，一九九五·閏八月，台北：商周文化事業公司，八十三年八月一日，初版。
29. 文宗一，楚文化研究，台北：東大圖書公司，七十九年四月。
30. 柏楊，中國歷史年表，上冊，台北：星光出版社，（出版時間不詳）。
31. 柏楊，中國人史綱，上冊，台北：星光出版社，第九版（出版時間不詳）。
32. 王兆春，中國古代兵器，台北：台灣商務印書館，一九九四年七月，初版。
33. 李新泰主編，齊文化大觀，北京：中共中央黨校出版社，一九九二年七月，第一版。
34. 陳恩林，中國春秋戰國軍事史，北京：人民出版社，一九九四年元月，第一版。
35. 程發軔，春秋要領，台北：東大圖書公司，七十八年四月。
36. 丁肇强，軍事戰略，台北：中央文物供應社，七十三年三月。
37. 李啓明，孫子兵法與現代戰略，台北：黎明文化事業公司，八十年四月。
38. 彭堅汶，孫中山三民主義建國與政治發展理論之研究，台北：時英出版社，七十六年十二月。
39. 國防部編，陸軍作戰要綱——聯合兵種指揮釋要，台北：國防部，八十年六月三十日。
40. 中國歷代戰史編纂委員會，中國歷代戰爭史，第一、二冊。台北：黎明文化事業公司，六十九年四月，再版。
41. 游瑞華，名將評傳(1)，台北：萬象圖書公司。一九九三年十月。

42.國防部「國防報告書」編纂小組，中華民國八十二～八十三年國防報告書，台北：黎明文化事業公司，八十三年三月。
43.張其昀，中華五千年史，台北：中華文化研究所，五十一年四月。
44.王建東，孫子兵法思想體系精解，台北：文岡圖書公司，六十八年三月。
45.陳致平，中華通史（一），台北：黎明文化出版公司，六十七年四月五日。
46.徐培根，中國國防思想史，台北：中央文物供應社，七十二年六月。
47.李震，中國歷代戰爭史話，台北：黎明文化出版公司，七十四年十月。
48.戴月芳編，中國全記錄，台北：錦繡出版社，七十九年七月。
49.孫金銘，中國兵制史，台北：國防研究院，五十九年十月，再版。
50.施治，中外軍制和指揮體系演進，台北：中央文物供應社，七十年九月。
51.任映滄，歷代中興復國史述要，台北：正中書局，五十年四月。
52.劉義棠，中國邊疆民族史，台北：中華書局，五十八年十一月。
53.劉文彥、張曉生，中國古代戰爭通覽，台北：雲龍出版社，七十九年七月，台一版。
54.李永熾，中國歷史圖說（四）冊，台北：新新文化出版公司，六十七年十二月。
55.李則芬，中外戰爭全史（一）冊，台北：黎明文化出版公司，七十四年一月。
56.胡林翼，讀史兵略，國防研究院，（出版地、時間不詳）。
57.李震，中國軍事教育史，台北：中央文物供應社，七十二年二月。

58.實踐學社印，春秋晉楚城濮之戰，五十二年八月。
59.國防部印，國軍軍事思想，七十一年五月。
60.艾文．托佛勒、海蒂．托佛勒（Alvin and Heidi Taffler），新戰爭論（War and Anti-War），傅凌譯，台北：時報文化出版公司，一九九四年一月十五日。
61.李錫錕，政治意識型態擴散之研究，台北：中央研究院，七十六年元月。

◎期刊、論文

62.賴澤涵，「我國家庭的組成、權力結構及婦女地位之變遷」，中央研究院三民主義研究所叢刊(9)，七十一年八月，頁三八三～四〇四。
63.張亞中，「中國主權歸屬與兩岸國家人格的再論釋」，問題與研究，第三十三卷，第十期，民國八十三年十月。頁二二～三四。
64.陳福成，「中共武力犯台析論——兼評一九九五閏八月乙書」，陸軍學術月刊，第三十一卷，第三五二期，八十三年十二月十六日。頁四～十三。
65.陳福成，「對常與變戰爭理念之體認」，陸軍學術月刊，第三三六期，八十二年八月十六日，頁十九～二四。
66.孫鍾茂，「晉楚城濮之戰研究」，三軍聯合月刊，第十一卷，第十二期，六十三年二月一日，頁四九～五五。